若者再考

——自己カテゴリ化理論からの接近

大和田智文［著］

Reconsidering the Criteria for Judging the Young

専修大学出版局

はじめに

本書は，専修大学大学院文学研究科平成20年度課程博士論文「若者行動の理解に向けた枠組みに関する研究―社会的アイデンティティ獲得過程における若者カテゴリへの同化の視点からの接近―」に基づくものである。

本書は，現代の若者によく見受けられるような一見風変りとも思われる振る舞いが，いったい何ゆえに生じているのか，そのような振る舞いにはいったいどのような意味があるのか，という素朴な疑問に端を発するものであった。しかしそのような疑問に向かい合おうとするとき，大変残念なことではあるが，それらを理論的にかつ端的に説明できるほどの心理学的あるいは社会心理学的知見の十分な蓄積は認め難かった。たとえば，上記のような振る舞いは，若者自身の性格や育った環境など個人内の要因によって説明するのがより適切な若者理解に結びつくのか，あるいは，もっと伝統的なグループ・ダイナミックスに関する諸理論を拠りどころとした方が近道となるのか，このようにいずれの視点をとるべきかというところからしてデータは必ずしも十分ではなかった。そこで本書では，若者行動を理解していくための理論的枠組みを一から探索しながら組み立てていくこととした。

本書は三部構成となっている。第Ⅰ部では，若者特有の行動の多くが社会的文脈の中で生起するものであるため，社会的アイデンティティ理論および自己カテゴリ化理論に従って若者行動を捉え直し，“若者が若者カテゴリへの同化を通して若者らしさを獲得する”という枠組みを導出している。第Ⅱ部では，この枠組みを検証した７つの研究が報告されている。まず若者自身が若者らしさの表現としての一人称の選択を重視していることを明らかにした上で，社会的アイデンティティ獲得の前提となる社会的カテゴリが選択されると，そのカテゴリへの同化のために必要な一人称を用いるようになること，また，ある一人称で括られるカテゴリが明確に知覚されるほど，自身の行動もそのカテゴリにおけるプロトタイプに近づくことを示し，上記の枠組みの妥当性を証明している。そして第Ⅲ部では，本書全体の総括として先行研究との整合性を図ると同時に，本書における知見の精緻化の余地について議論を行っている。

なお，本書は平成21年度専修大学課程博士論文刊行助成を受けて刊行された。
本書の原著である博士論文の執筆・作成から本書の刊行に至るまでには，大変多くの方々のお力添えをいただきました。指導教授であった専修大学大学院文学研究科教授の下斗米淳先生には，５年間にわたりいつも熱心に温かく，そしてときには厳しく御指導を賜りました。調査や実験はうまくいくのか，そもそも博士論文はいつになったら仕上がるのか，そんな不安に駆られるようなとき，先生はいつも励ましのことばで筆者を鼓舞してくださいました。本当にありがとうございました。また同時に，同研究科教授の山上精次先生よりとても温かい御指導を賜ることが叶いました。深く感謝申し上げます。同研究科教授の乾吉佑先生，吉田弘道先生，昭和女子大学大学院生活機構研究科准教授の清水裕先生，専修大学大学院文学研究科准教授の大久保街亜先生には，下書き原稿にお目通しをいただき，何回にもわたって貴重なご指摘ご示唆をいただきました。提出間際になってからのこの筆者の無理なお願いにご快諾をいただき，そして貴重なご指摘をいただけたことが本稿の完成へとつながったものと思います。そのことをここに記して深く感謝申し上げます。また刊行に際し，専修大学出版局の川上文雄氏には大変お世話になりました。ありがとうございます。

最後に，本稿の執筆作業をいつもいつも本当に献身的に，そして本当に辛抱強く見守ってくれた妻と二人の娘たちに心から敬意と感謝の念を表したい。

2009年秋

大和田智文

目　次

第Ⅰ部　序　論

第1章　問題提起と本書の目的

第1節　近年のわが国における若者特有の行動に関する概観および本書の目的

私たちは，若い頃に経験する対人関係をとりわけ重要視する傾向にあるようである（岡田，2007）。その対人関係が，若者の将来にわたる人間形成に対し多大な影響を及ぼし得るものであるという暗黙の了解が，人びと一般の中にあるからであろう。若者の多様な対人関係を一概に良否の軸で判断することに意義を見出すことは不可能だが，将来に向けての人間形成という教育的・養育的視点が人びとの一般的な期待として若者に向けられていることはおそらく予想の範囲であるといえよう。

ところが近年になって，わが国における若者の対人関係を含む行動一般が，人びとのこの一般的期待から大きく隔たるほどに変化を呈するようになってきているという指摘がしばしば見受けられる。たとえば，若者同士が相互の接触が何もないままにひたすら雑誌を読んだり携帯を操作しているような光景，奇異なファッション，所かまわず座り込む，人目を気にせず大声で話す（岡田，2007），携帯メール，乱暴なことば使い（海野，2002）など，日常的に広い範囲において観察され得る諸行動から，学校現場などにおけるいわゆるキレる現象（内閣府，2005；佐藤，2005），大勢で仲間あるいは顔見知りの人物をリンチする，見ず知らずの相手に対する徒党を組んでの暴行・殺人（岡本，2003）など，人びと一般の社会規範に照らしてみた場合明らかに反社会的と思われる諸行動までさまざまなものがある。

いったいなぜ若者はこのような行動をとるのであろうか。

このように，他の世代の人びとの注意を引きやすいという意味でのこうした若者世代に特有といわれるさまざまな対人関係や行動（これらを，本研究では“若者特有の行動”と総称することとする）は，以前よりよくいわれる“今の若い者は”ということばが示す通り，近年に限らずいつの時代にも観察されてきた行動であるといえる。こうした諸行動の生起には，生物学的・器質的な水準から社会的・文化的な水準まで，さまざまな要因が絡んでいるものと考えられる。加えて，ひとつひとつの行動の水準や質的な違いによってもこれらの要因の影響過程は無数に考えられるため，若者特有の行動の生起要因をすべてにわたって検討していくことは極めて困難であるといえる。したがって，上に挙げたような近年の若者特有の行動全般における目立った特徴を端的に記述しておくことも，こうした行動に対する理解を容易にしていく上で有用となろう。

この点に関しては，“人間関係の希薄化”（e.g., 速水・木野・高木，2004；廣實，2002；清永，1999；松島，2000；落合・竹中，2004；下斗米，2004；白井，2006；湯川，2002）が若者特有の行動の生起を促す心理機制に通底しているのではないかとさかんに指摘されている。この“人間関係の希薄化”とは，その概念上いくらかの相違はみられるものの，概して“人との深いつながりを持とうとしなかったり，持とうとしてもそれが得られにくい傾向”（白井，2006, p. 151）のことであるといえる。具体的には，たとえば，友人には努力したり熱中している姿を見せずに，表面的な協調に終始する（高田，1989），友人を心の内面に立ち入らせず，また相手の心の内面にも立ち入らない表面的な関係でいる（栗原，1989；豊泉，1998；小谷，1998），相互の衝突を回避するために細心の注意を払いながらつきあう（土井，2004），対人関係において相手をモノのように扱い，平気で無視（消去）してしまう（中西，2004；大平，1990）というような指摘が，この“希薄化”の説明にあたるものと考えられる（岡田，2007も参照）。

このような希薄化が生じる背景や要因としては，また多くのことが考えられる。たとえば，児童期のギャング集団の衰退による友人間の心理的な結びつきを強めるための機会の喪失（松尾，1996），多様化する社会的文脈に適応するために特化したコミュニケーションを迫られるがゆえの，友人関係に過度に神経を使わざるを得ない状況（中西，2004），アイデンティティや社会的地位・役割の不明確さによる友人集団への表面的な同調（Coleman & Hendry, 1999）

などである。

こうしてみると，わが国における若者特有の行動を“人間関係の希薄化”の反映として捉えることも可能かもしれないが，実際のところはどうなのであろうか。このことに対する示唆は次節に譲るとし，以下においては，これまでわが国の若者に関するさまざまな事象を扱った研究を振り返ってみることとする。

わが国における若者に関するさまざまな事象を扱った研究（ここでは，分析対象として高校生以上の若者を扱った研究に限ってみることとする）には，たとえば友人関係・仲間関係に関するもの(e.g., 安藤, 2000；榎本, 1999, 2000；福森・小川, 2006；石田, 1998；宮下・渡辺, 1992；水野, 2004；難波, 2005；落合・佐藤, 1996；岡田, 1993a, 1993b, 1995；小塩, 1998；白井, 2006；上野・上瀬・松井・福富, 1994；和田, 1993；山中, 1994；吉岡, 2001)，親子関係など上記以外の対人関係や対人態度に関するもの（e.g., 平石・久世・大野・長峰, 1999；池田, 2006；松本, 2007；杉山・井上, 2006)，自己意識や自己愛など自己に関わるもの（e.g., 天谷, 2004；平石, 1993；川崎・小玉, 2007；西川, 1994；大出・澤田, 1988)，その他，学習への動機づけ(e.g., 速水・小平, 2006)や学校での適応・不適応(e.g., 大久保, 2005；杉村, 2004；山口・岡本・中山, 2004)，分離・自立（e.g., 高坂・戸田, 2003)，心理的居場所（e.g., 杉本・庄司, 2006)，愛着スタイル（e.g., 金政, 2006)，アイデンティティ（e.g., 宗田・岡本, 2005)，怒り・攻撃（e.g., 福森, 2006)，ライフコース(e.g., 乾・安達・有川・遠藤・大岸・児島・杉田・西村・藤井・宮島・渡辺, 2007；竹石, 2006）などに関するものまで膨大なものがある。これらの中では，友人関係・仲間関係に関するものが圧倒的多数を占めているようである。またこれらを，それぞれ扱おうとする事象の概念や構造・実態を明らかにしようとするもの(天谷, 2004；榎本, 1999；平石・久世・大野・長峰, 1999；池田, 2006；高坂・戸田, 2003；水野, 2004；難波, 2005；落合・佐藤, 1996；岡田, 1993a；白井, 2006；宗田・岡本, 2005；杉本・庄司, 2006；竹石, 2006；上野・上瀬・松井・福富, 1994）や，その事象と他の要因との影響過程や相互関連性について検討しようとするもの(安藤, 2000；榎本, 2000；福森, 2006；福森・小川, 2006；速水・小平, 2006；平石, 1993；石田, 1998；金政, 2006；宮下・渡辺, 1992；西川, 1994；岡田, 1993b, 1995；小塩, 1998；和田, 1993；

山口・岡本・中山，2004；山中，1994；吉岡，2001）などに分類することも可能であろう（落合・竹中，2004も参照)。

上記の中で，たとえば水野（2004）は，グラウンデッド・セオリー・アプローチを用いて青年の友人との信頼関係認識に関する仮説モデルを提出している。また，白井（2006）は，変容確認法を用いて青年のコミュニケーションの実態を検討することによって，“希薄化”しているといわれる現代青年における友人関係の特徴を明らかにしている。これら2つの研究に共通する点は，これまでの青年（本研究の“若者”に相当する）の友人関係を扱った多くの先行研究があまり扱ってこなかった行為の主体としての青年自身の視点そのものを研究の対象とし，そこから友人関係の現代的な特徴や友人との関係構造を説明するモデルを提示している点にある。このことは，これまでわが国には友人関係を扱うモデルが存在しなかった（水野，2004）ということとも関係するが，青年の友人関係への理解に，研究者ではなく行為の主体である青年自身の視点からアプローチしていくことを可能とした点において非常に画期的といえよう。

また平石他（1999）は，青年の親子関係について，家族との分離的側面と結合的側面は同時に生起するという Grotevant & Cooper（1985）の個性化モデルに従って検討している。彼らは，青年の親子関係を青年の個人内の心理的過程としてではなく，両親との言語的コミュニケーションを介した相互作用過程として捉え，この相互作用過程を観察したデータによって青年の親子関係のあり方を明らかにしようとしている。この研究は，親子間の言語的コミュニケーションを介した相互作用過程そのものを研究対象に取り入れた点で，従来にはなかった方法論を展開している。

しかしながら，上に挙げた多くの研究には，本研究における問に関わる既述の“若者特有の行動”を直接的に取り上げて検討したものはみられなかった。また，平石他（1999）や宗田・岡本（2005），杉村（2004）などいくつかの研究を除くと，ある特定の“理論的枠組み”(すなわち，諸行動の生起基盤として通底している心理機制を説明する枠組み）を持ちその中で関連事象を検討しようとしているわけでは必ずしもないため，他の近接の事象も同時に説明し得る応用可能性は高いとはいえないように思われた。若者を取り巻く未解明のさまざまな事象にひとつひとつ着目をし，それらを解明することでボトムアップ的に若者を理解していこうとするのもひとつの方途としてありえよう。しかし，一方で当事者である若者自身に目を向けるならば，彼らは研究者の視点で切り取ってこられたある特定の現象世界の中でのみ完結するような生き方をしているわけではない。であるならば，冒頭にも述べた，奇異なファッション，所かまわず座り込む，人目を気にせず大声で話す，携帯メール，乱暴なことば使いなどにみるような，いわば“若者の自分らしさ”（以下，“若者らしさ”と記載）の発動とでもいうべきこうした諸行動を“若者特有の行動”という，よりマクロな次元で捉え，この次元において若者を理解していくための方途も必要になるのではないかと考える。

しかしながら，わが国の若者に関するさまざまな事象を扱ったこれまでの先行研究においては，上に示したよりマクロな次元に目を向けた若者理解の方途はほとんど示されてきていなかったように思われる。それでもいくつかの数少ない研究が，“若者特有の行動”の中から特定の行動に着目し，それらをある理論や概念によって説明することで若者理解のための枠組みを提供しようと試みていた。以下に，これに相当する3つの研究（速水他（2004），中島（1997），高田・矢守（1998））について触れることとする。

中島(1997)は，古来若者が成人になるための儀式であるとみられている“イニシエーション”（わが国においては成人式などがこれにあたるという）が，わが国においてはその真の意味を知ることなく失われてしまったところに，青年期に関わるさまざまな問題が社会的問題と化する原因があるのではないかとし，これに関連する知見を展望している。この中で中島は，“伝承社会において子どもと成年の間にあったのがイニシエーション”（中島，1997，p. 168）であるが，近代社会ではこのイニシエーションを失った代わりとして“子どもと成年との間に青年期をもつことになった”（同，p. 168）と考察する。したがって，わが国における青年期とは全体的にイニシエーション的要請を含むものであり，青年期の時間的過程を持つ段階全体をイニシエーション的な過程であるとみている。岡田（1990）は，青年の引き起こす具体的な行動が，このイニシエーション的な過程のどの段階で引き起こされるものか分類を試みている。すなわち，親からの分離の段階においては，たとえば戦い（親への反抗，校内暴力など），規則破り（非行，破壊），家出，持ち物へのこだわり，過渡の段階においては，上記に加えて服装や髪型へのこだわり，といった具合にである。このことから，本来イニシエーションとは，近代社会の抱える上記のような青年の社会的諸問題を肯定的なものとして引き受ける役割を担うものであったのではないかと考えられる。

この“イニシエーション”という概念を用いた若者行動の理解枠組みは，日常の現象に照らしてみれば了解のしやすさはあるものの，実証的な証拠がみられないという点においてその妥当性には疑問が残る。

ごく最近の研究に注目すると，ここ数年，速水他（2004）の提唱する“仮想的有能感”が現代の若者を捉えるためのパーソナリティのひとつとして注目を集めている。仮想的有能感とは，“自己の直接的なポジティブ経験に関係なく，他者の能力を批判的に評価，軽視する傾向に付随して習慣的に生じる有能さの感覚”（速水他，2004，p. 1）と定義されている。彼らの指摘によると，人間関係が表面化し希薄化してきたといわれるわが国において，人びとは他者との間に親密で積極的な関係を築くことが難しくなってきているという。そうした背景の中，若者は対人関係の中で他者の感情に配慮する必要性を感じにくくなり，そのことによって自身にとって満足のいかないような状況においては，まず他者を非難し攻撃することで相手に落ち度や責任があることを追及するようになるという。そうすることで，自らの落ち度や責任は回避されるので，相手に対する自らの優位性は保たれることになる。すなわち，これは，相手に対する自分自身の引き上げではなく，相手を非合理的に軽視することによってもたらされる有能感であるとされる（速水他，2004）。

熊谷・杉山（2007），松本・速水・山本（2007），山本（2007）はこの仮想的有能感に着目し，高校生および大学生を対象に，いじめ行動との関連性を検討している。熊谷・杉山（2007）によると，いじめ（加害）経験は仮想的有能感に影響を及ぼし，仮想的有能感は自尊感情に影響を及ぼしていた。すなわち，ここでは，他者軽視による有能さを感じることで自尊感情が高まる可能性が示唆されていた。また山本（2007）によると，仮想的有能感と自尊感情がともに高い場合，他のタイプの有能感が高い場合よりもいじめ行動の生起が多いことが示されていた。

仮想的有能感とは近年の社会的情勢を背景に生まれた新しいパーソナリティ

概念であり，この概念と若者特有の行動との関連性の検討はまだはじまったばかりといえる。したがって，今のところは若者特有といわれるような行動の中でもいじめのような反社会的な行動に着目した研究がいくつかあるだけであり，今後の研究の蓄積が期待されるところである。

また，高田・矢守（1998）は，高校生の（電車への）乗車行動に着目し，この乗車行動を北山（1994）などの提唱する“文化的自己観”に関連づけて説明することを試みている。文化的自己観は，“ある文化において歴史的に共有されている自己についての前提”（北山，1994，p.153）と定義されている。北山（1994）によると，文化的自己観は文化の違いによって相互独立的側面か相互協調的側面かのいずれかが強調されてくるものであり，日本においては相互協調的側面が強調されているようであるという。高田・矢守（1998）は，この相互独立性—相互協調性が，高校生の乗車行動とどのように関連しているかを探ろうとしたものである。結果は，高校生の乗車マナーは“個の認識・主張”の程度，すなわち，自分自身を他者から峻別される“個”と認識している程度と関連するものであった。すなわち，“個の認識・主張”の弱さがマナーの悪い行動と結びつく傾向にあり，逆に“個の認識・主張”の強さはマナーの良い行動と結びつく傾向にあった。さらに，“独断性”が強いものは，極端にマナーの悪い行動をとりがちであった。加えて，“評価懸念”の強さがマナーの悪い行動と結びつく方向にあった。なお，“個の認識・主張”，“独断性”はともに“相互独立性”の，“評価懸念”は“相互協調性”の下位領域であり，それぞれ“他者とは異なった存在としての自分を認識する傾向”，“他者に配慮を払うことなく自分の判断に基づいて行動する傾向”，“他者（筆者注：“同じ世代の若者”をさすものと考察されている）の眼差しや評価を気にする行動の傾向”（高田・矢守，1998，p.22）とされていた。この研究は，若者特有の行動の中のマナー遵守行動と文化的自己観に高校生の心理的特徴の反映を求めようとした点で大変興味深いものであるといえる。

ここに，若者特有といわれる行動をパーソナリティ概念によって説明を試みる2つの研究（速水他（2004）など，高田・矢守（1998））について概観した。ここで共通していえることは，あるパーソナリティ概念のみで若者特有の行動を説明するには限界があるということである。というのは，いずれのパーソナリティ概念も個人による変動は極めて大きく，ある行動を説明しようとするときにより多くの若者を当該のパーソナリティ概念によって説明できる保証はどこにもないからである。よって，パーソナリティ概念を行動の説明に用いる場合，ある行動の中のどの側面をそのパーソナリティ概念が説明し得るかを予測した上で用いるのが安全であるといえよう。

以上に，若者特有の行動をある理論や概念によって説明することで，若者理解のための枠組みを提供しようとする研究（速水他（2004）など，中島（1987），高田・矢守（1998））を概観した。これまで述べてきた通りであるが，以上のような研究状況からみて，本研究で扱おうとするよりマクロな次元としての“若者特有の行動”を理解するための理論的枠組みは，現時点では量的にも質的にもまだ確立されていないものといえる。したがって，この理論的枠組みとはどのようなものが適切であるのか，まずこの点を明らかにしていくことが喫緊の課題といえよう。

ここで再び本節冒頭に挙げた若者特有の行動を振り返ると，それらは社会的迷惑行為や犯罪行為に相当するほどネガティブなものとして報告されている場合が多く，それらはまた，近年さかんにいわれている“人間関係の希薄化”の反映として捉えることも可能なようであった。しかしながら，冒頭に挙げた若者特有の行動が，若者以外の人びと一般にとって仮にネガティブに受け取られるものであったとしても，この両者（若者とそれ以外の人びと一般）が相互交渉を断ったままに日々を営むことは不可能である。そうであれば，世代間の行動スタイルやその生起基盤となる心理機制の隔たりを越えたところにある，両者に共通した心理機制を見出す努力も必要となってこよう。そのような努力を通してはじめて，日々の中での世代を越えた円滑な対人関係の構築が容易ともなり，ひいては“自分らしさ”の相互理解がもたらされるのではないかとも考えられる。

すなわち，本研究では，ある理論的枠組みによって若者特有の行動に対する理解を得ようとする際，世代を越えてもなお有効な理論的枠組みを提示することによって，世代を越えた相互理解が促されることを目指そうとしている。したがって本研究では，若者特有といわれるような諸行動の生起要因や“人間関係の希薄化”をもたらす要因そのものに目を向けるのではなく，若者特有の行動を理解することが若者世代とそれ以外の人びと一般との間の相互理解にも直接還元できるような，言い換えれば，若者特有の行動が，研究者にとってはもとより当事者である若者自身や彼らを取り巻く多くの人びと一般にとっても了解可能な“若者行動の理解のための理論的枠組み”を提案していくことが課題となる。その枠組みが，若者自身とそれ以外の人びと一般にとって了解可能なものであれば，解明しようとする事象や対象が変わってもその枠組みを利用できるという応用可能性が飛躍的に高まることも考えられる。さらには，ある行動を理解しようとする際に，研究者，若者自身，それ以外の人びと一般の間で生じるズレを最小限に留めることが可能になるとも考えられる。

したがって本研究における目的は，若者特有の行動が，若者自身と彼らを取り巻く多くの人びと一般にとって了解可能な“若者行動の理解のための理論的枠組み”を提案することと，この枠組みに従って若者特有の行動の生起を理解することが可能であることを実証的に検討することである。また同時に，若者特有の行動を捉えるためにはどのような指標が妥当であるかを検討することも目的のひとつとなろう。以上のような提案および検討を通して，冒頭に示した“なぜ若者は若者特有といわれるような行動をとるのか”という問に対し解を示していくこととする。

それでは，上記の理論的枠組みの提案をする際の基礎となる理論にはどのようなものが考えられるのか。あるいは，諸理論の中でもどのような理論に則ることが上記の目的を達成するためにもっとも相応しいと考えられるのか。これらの点については，次節以降にて順を追って検討していくこととする。

第2節　Erikson のアイデンティティの獲得に関する理論

前節において，近年のわが国における若者特有の行動は，“人間関係の希薄化”の反映かもしれないと述べた。もしも若者特有の行動の諸特徴に“人間関係の希薄化”が深く関係しているのであれば，この“人間関係の希薄化”の背景を理解する上で Erikson（1959）はいくつかの示唆を与えている。

Erikson（1959，邦訳 p. 112）によると，“人間生活の社会のジャングルの中では，自我同一性の感覚がなければ生きているという感覚はなくなってしまう”としている。そして，このことを理解することは，多くの若者（Erikson の用語を用いれば“青年期”にあたる人びと）の抱えるさまざまな苦悩を理解していくための助けになるであろうと述べている。Erikson のいう自我同一性（以下，“アイデンティティ”と記載）とは，“内的な不変性と連続性を維持する各個人の能力（心理学的意味での個人の自我）が他者に対する自己の意味の不変性と連続性とに合致する経験から生まれた自信”（同，邦訳 p. 112）のことであり，それは“現実的な達成，つまり彼らの文化の中で意味をもつような業績の達成に対して心底からの首尾一貫した是認を与えることによってのみその強さを獲得する”（同，邦訳 p. 112）ものである。

すなわち，アイデンティティの獲得とは，社会的な対人関係の中での営みとして捉えられることによってはじめて意味を持つものであるといえるため，それ自体がすでに社会性を帯びたものとして理解しておくことが妥当となる。Erikson は，このアイデンティティとは主に青年期において再構成され獲得され得るものであるとしている。

さらに Erikson は，このようなアイデンティティの獲得がうまくいかないか失敗したときに，若者は彼らの発達段階上において重大な危機を経験することになるとし，この危機のことを“同一性拡散”とよんだ。同一性拡散とは，アイデンティティの獲得を模索する青年の多くが一時的に経験する自己喪失を伴う心理的状態（宮下，1999）であるとされる。宮下（1999）によるとこの自己喪失とは，時間的展望や希望の喪失，理想像や価値観の混乱，望ましくない社会的役割への同一化，課題・役割への集中困難などをきたしている状態であるという。このようにみると，前に述べた“（前略）自我同一性の感覚がなければ生きているという感覚はなくなってしまう”ような状態は，この“同一性拡散”の状態と符合するものであり，近年の若者における“人間関係の希薄化”もこの同一性拡散によって説明が可能な現象であるとも考えられる。

この同一性拡散にみるような困難な状況を乗り越え，心理的・社会的に再適応を果たすために若者に与えられた期間のことを Erikson はモラトリアムとよんだ。このモラトリアムにおいて，若者は社会生活のために必要となるさまざまな能力や技能を身につけ，それによって若者は心理的にも社会的にも大きく成長することが可能になるといわれている。そうであれば，上に述べたような

“人間関係の希薄化” した様態・過ごし方を，若者における近年的なモラトリアムの特徴として捉えてみることも可能であろう。

ここまでの議論によって，“人間関係の希薄化” に特徴づけられる近年の若者特有の行動を理解していくためには，アイデンティティの獲得や同一性拡散，あるいは若者にとってのモラトリアムの意味やその過ごし方などに関連した視点より接近を図ることがひとつの有意義な方途となると考えられる。たとえば，上に紹介したErikson（1959）の，個人のアイデンティティの獲得を社会的な対人関係の中での営みとして捉えようとする視点などは画期的であり，このような視点は本研究の目的とも整合するものではある。

しかしながら，ここにみてきたErikson（1959）の提唱するアイデンティティの獲得に関する諸理論は，乳幼児期からの一連の発達段階ごとに必要となる自我（すなわち心理機制）が各発達段階において獲得されていることを前提とするものである。Eriksonによると，ある発達段階において獲得される自我は，以前の発達段階においてすでに獲得された自我と関連しつつ生涯にわたって機能していくものであるという。したがって，以前の発達段階と後の発達段階には同種の自我も機能するが，自我を発達段階ごとにみた場合，そこに各発達段階（少なくとも青年期とそれ以降のすべての段階）のすべてに共通した心理機制を認めることは難しい。このような意味でEriksonのアイデンティティの獲得に関する諸理論は，たとえばFreud（1946）の発達段階に関する理論などと同様に，人びとのさまざまな態度・行動やそれらを引き起こす心理機制に各発達段階に共通した機制を想定するものではないといえよう。Eriksonのアイデンティティの獲得に関する理論は，この点において，前節で述べた本研究の目的を満たすための理論として必ずしも十分とはいえない。よって，本研究の目的を達成するためには，人びと一般に共通した心理機制を仮定できる理論が必要となる。

以上を本研究の目的と照らし合わせると，次のように考えられよう。すなわち，本研究における主要な目的のひとつは，若者特有の行動が，若者自身と彼らを取り巻く多くの人びと一般にとって了解可能な “若者行動の理解のための理論的枠組み” を提案していくことであった。したがって，このことからEriksonやFreudのいう発達段階の異なるところの若者とそれ以外の人びと一般との間に，共通した心理機制を仮定できるような，Eriksonのアイデンティティの獲得に関する理論を補完し得る新たな理論を提案することが必要となってくる。

それでは，発達段階の異なるところの若者とそれ以外の人びと一般との間に共通した心理機制を仮定でき，かつEriksonのアイデンティティの獲得に関する理論を補完し得る理論とはいかなるものであろうか。この点については，次節にてさらに詳細な検討を行っていくこととする。

第3節　社会的アイデンティティ理論および自己カテゴリ化理論

個人的アイデンティティから社会的アイデンティティへ

前節では，近年の若者特有の行動を理解していく際，若者をその発達におけるひとつの段階（たとえば，青年期など）に位置づけて説明しようとする視点があることを紹介した（e.g., Erikson, 1959；Freud, 1946）。この中で，たとえばEriksonは，人間理解のためには人びとの有する（世代を越えた）社会性と自己の相互的な結びつきを探求することもまた必要であることを主張している。この主張を受け入れるならば，前節で見たEriksonの理論を補完するための理論として，若者をその発達段階に位置づけられる単に個人的な存在として捉えるのではなく，その反対の極に位置する，純粋に社会的な存在としても捉え得るような理論が求められることとなる。すなわち，ある社会的集団のメンバーとの比較において，その中の誰とも異なっている完全な独自性（個人的アイデンティティ）を有する自己から，他の社会的集団のメンバーとは異質であるが，当該集団内の他のすべてのメンバーとは同じであるという類似性（社会的アイデンティティ）を有する自己へと，抽象レベル（認知的レベル）で変動する尺度上において個人を捉えることが可能となるような視点を有する理論のことである。

このような視点とは，たとえば“若者”を社会的に存在するさまざまなカテゴリ（すなわち，社会的カテゴリ）情報のひとつとして捉えるような視点であろう（e.g., Hogg, 2006；Tajfel, 1970；Turner, 1987）。この視点は，近年における若者特有の行動が，生育環境や性格といった若者に固有の個人的特性によって表出される場合ばかりではなく，いわば“若者という社会的カテゴリ”(すなわち“若者カテゴリ”と表現できる。以下，本研究においてはこの表現を用いる）へと同化[1)]を進めていくことによる“若者らしさ”の表現や，若者カテゴリの中におけるアイデンティティの確立・維持によってももたらされる可能性があることを前提とするものである。同化とは，あるカテゴリへの自己カテゴリ化（自己カテゴリ化については以降の項において詳細を述べる）によって，当該カテゴリの他成員との差異性の最小化がもたらされ，その結果，当該カテゴリにおける自他の態度や行動が類似してくる（当該カテゴリのプロトタイプ性を備えるようになる）現象のことである。

この社会的カテゴリの視点によると，人は自分自身のカテゴリと他のカテゴリとの比較において，カテゴリ間の差異性を最大とすることによって自身のカテゴリの評価的な有利性を得ようと努めるものであるという。自身にとっての社会的カテゴリが肯定的なものであれば，そこから肯定的な自己概念の形成や評価がもたらされるため，人はカテゴリ間の比較を自身のカテゴリに有利になるような方法で行おうと努める(この点の詳細についても次項において述べる)。対人間・集団間行動の基となる過程は，他のカテゴリとの間の差異性の最大化と，当該カテゴリ内の差異性の最小化を伴う，自身に関するカテゴリ化と社会的比較であるとされる。このように，人はあるカテゴリの特徴に従って自身をカテゴリ化（すなわち自己カテゴリ化）し，カテゴリ内の差異性が最小化されることにより当該カテゴリのプロトタイプと一致した行動をとるようになる(Hogg，1992，2006；Turner，1987)。言い換えれば，対人間・集団間行動が生起するための必要十分条件とは，人があるカテゴリの成員として自己カテゴリ化をすることであるといえる（Billig & Tajfel，1973；Hogg，1992)。そして，上記のようなカテゴリ間の差異性を伴った自己カテゴリ化を通じて，肯定的な自己評価や自己高揚がもたらされる。この肯定的な自己評価や自己高揚によって，肯定的な社会的アイデンティティの確立へと向かおうとすることは，人の備える基本的動機の反映でもあるという(Hogg，1992；Hogg & Abrams，1990)。

第1節において述べたような若者特有の行動をこの自己カテゴリ化および社会的アイデンティティ形成に関する理論に照らしてみると，次の①から③のような理論的枠組みを仮定することが可能となろう。すなわち，①若者が，若者とは知覚しないようなカテゴリとの比較を通し，自らを若者カテゴリに位置づけていく過程が存在する。②この過程は，言い換えれば，若者がいわば“非若者カテゴリ”では用いられることがないような彼らに独自な行動をとることにより，彼らの所属するカテゴリと他のカテゴリとの間にある差異性を最大化させ，また同時に所属するカテゴリ成員間の差異性を最小化させながら彼らに特有のカテゴリへの同化（すなわち，“若者らしさ”の表現の獲得）を高めていく過程である。③そして，異なったカテゴリ間の差異性を最大化することによる自己高揚を通し，若者は肯定的な社会的アイデンティティの確立へと導かれるのではないかと予測できる（すなわち，この枠組みを簡潔に記せば，“若者はある行動をとることによる若者カテゴリへの同化を通して若者らしくなる”ということになろう）。この枠組みでは，若者が彼ら自身を社会的に安定的に定位させ，自身をより肯定的な存在として確認し明確な独自性をもって成長を遂げていく（社会的アイデンティティを確立していく）という大きな過程上に，“若者カテゴリ”というカテゴリを選択し，そのカテゴリへと同化していく過程が存在するのではないかと仮定するのである。

上記の枠組みは，“若者”を，個人の発達上のある特定の段階（青年期など）における固有の心理機制によって説明しようとするものではなく，社会的比較の基盤となる社会的カテゴリのひとつとして捉えようとするものである。この枠組みでは，たとえば，若者とそれ以外の人びと一般との間にみるような行動上の特徴を，発達段階（たとえば青年期，成人期など）によって異なる複数の心理機制（e.g., Erikson，1959；Freud，1946）で説明せずとも，社会的カテゴリという概念のみを用いることによって理解が可能となる。したがって，この自己カテゴリ化および社会的アイデンティティ形成に関する理論は，若者特有の行動が，若者自身と彼らを取り巻く多くの人びと一般にとって了解可能な“若者行動の理解のための理論的枠組み”を提案していくという本研究の目的をより高い次元で達成するための基礎理論になるのではないかと考えられる。

以上本項においては，若者特有の行動を自己カテゴリ化および社会的アイデンティティ形成に関する理論に照らしてみた場合の理解の方向性について示してきた。これらの理論は，それぞれ“自己カテゴリ化理論”および“社会的アイデンティティ理論”として知られているものである。次項以降においては，この２つの理論の発生過程とその基本概念，および，これらの理論を“若者行動の理解のための理論的枠組み”の基礎理論として用いた場合の具体的な利点について議論をする。

社会的アイデンティティ理論の発生過程と基本概念

本項では，前項で示した“自己カテゴリ化理論”および“社会的アイデンティティ理論”のうち，まず社会的アイデンティティ理論についてその発生過程と基本概念を述べる（以下本項では，大石（2003）も一部参照している）。

社会的アイデンティティ理論の発生は，人びとが集団間差別を引き起こすために必要となる最低条件を探ろうとした一連の実験的研究（Tajfel, 1970；Tajfel, Billig, Bundy & Flament, 1971）に端を発している。それまでの社会心理学においては，集団間差別の発生要因を集団間に存在する競争的事態や利害対立，規範の違い，敵愾心などに求めていたが，Tajfel他（Tajfel, 1970；Tajfel et al., 1971）は，これまで考えられてきたようなこれらの要因をすべて排除した上で集団間差別を引き起こすために必要となる最低条件を新たに探ろうとした。Tajfel他は，その実験の中で２つの集団を想定し，この２集団を弁別できるような最小条件によってそれぞれの集団に被験者（成員）を割り振った。すなわち，この被験者たちは，どちらの絵を好むかといった単なるラベルづけに等しい基準や全くランダムな基準に従ってどちらか一方の集団に割り振られていた。被験者たちは，自分自身がどちらの集団に割り振られたかは知っていたが，他の被験者がどうであるかについては知らされていなかった（すなわち匿名であった）。また被験者たちは，自分たちが単に便宜上２つの集団に割り振られたものと思わされていた。したがって，彼らはここでは自分自身の所属集団を偶然で一時的なものとしか捉えていなかった。Tajfel他はこのように，集団間差別を引き起こすために必要となる最小条件を，人びとをある集団に（それが偶然で一時的なものであれ）割り当てることであると仮定し，その仮定の正しさを証明しようとした。

実験の中で被験者たちに課された課題は，報酬を自分の所属する集団の成員（内集団成員）か他の集団の成員（外集団成員）のどちらかに分配するというものであった。その結果，被験者たちのとった行動は，予測した通り内集団成員により多くの報酬を分配するというものであった。

このように，これまで集団間差別の要因と考えられていた条件がすべて排除され，瑣末な基準によってのみ弁別可能な集団（Tajfel他はこのような集団のことを最小条件集団とよんだ）の中にあっても，人びとは外集団成員を差別することが明らかになった。このことは，最小条件集団にみるような集団によってもたらされる集団成員性さえあれば，集団間差別が発生するという事実を示したものである。これは言い換えると，集団間差別は内集団に対する肯定的態度や内集団成員への好意と表裏をなすものであり，このような態度や感情はいずれも，ある集団や人物を好ましいか好ましくないかと考える根拠が不明確であるという意味で，認知的・知覚的表象としての社会的カテゴリによって生み出されたものであることを示したものである。つまり，ある集団や個人は何らかの好ましい性質のために好まれるのではなく，内集団成員性や当該カテゴリ成員性によって好まれるのだということがいえる（Turner, 1987）。

Tajfel他（Tajfel, 1970；Tajfel et al., 1971）の結果を受け，Tajfel & Turner（1986）は，個人の自己概念はもっぱら個人的次元に規定されるものから集団成員性によって規定されるものまでの連続体をなすものとして捉えることが可能であるとしている。この視点は，前項で述べた内容と重なる。すなわち，ある社会的集団のメンバーとの比較において，その中の誰とも異なっている完全な独自性（個人的アイデンティティ）を有する自己から，他の社会的集団のメンバーとは異質であるが，当該集団内の他のすべてのメンバーとは同じであるという類似性（社会的アイデンティティ）を有する自己へと，抽象レベルで変動する尺度上において個人を捉えようとする視点のことである。たとえば，人びとが他者に自分自身を知らしめる際，“私は優しい”，“私は猫好きである”など，個人の性格や好みなど個人に関わる属性によって自己を定義するならば，これは上記のうちの個人的アイデンティティの側面を強く表したものといえる。一方で，“私は学生だ”，“私はクリスチャンだ”など，社会的身分・職業や宗教といったより社会性を帯びた属性によって自己を定義するならば，これは社会的アイデンティティを強調した表現であると考えられる。このように，この視点では人びとが自分自身を定義づけようとするとき，人びとは何らかの方法で自分自身を肯定的に評価するよう動機づけられていることを仮定するものである。またこの仮定は，人びとにとって集団成員性が極めて重要である以上，たとえば“私は学生だ”などのようにある内集団成員性によって自分自身の定義づけが可能であるならば，その内集団を肯定的に評価するよう動機づけられていることを含意するものでもあるという（Turner，1987）。したがってこのことから，人びとは本来的に肯定的な社会的アイデンティティを求めるよう動機づけられている存在である（Turner，1987）といえるであろう。

自己カテゴリ化理論の基本概念

自己カテゴリ化理論は，社会的アイデンティティ理論をもとに発生し発展してきた理論である。すなわち，社会的アイデンティティ理論では，集団間差別にみるような集団間過程に関わる諸現象が主要な関心領域となるが，自己カテゴリ化理論では，集団に関わろうとする主体の認知過程にも目を向けることで，社会的アイデンティティ理論では説明することの難しい集団内過程に関わる諸現象もその関心の対象に取り込んだより新しい視点を提供している。この視点を導入すると，以下のような6つの点にまで集団行動の説明範囲を広げることが可能となる（Turner，1987）。

まず1点目は抽象化レベルの多次元化である。これは本節第1項で述べたように，ある社会的集団のメンバーとの比較において，その中の誰とも異なっている完全な独自性（個人的アイデンティティ）を有する自己から，他の社会的集団のメンバーとは異質であるが，当該集団内の他のすべてのメンバーとは同じであるという類似性（社会的アイデンティティ）を有する自己へと，抽象レベルで変動する尺度上において個人を捉えようとする場合，その抽象化のレベルが多次元的になるということである。第1のレベルは，自己を人間としてカテゴリ化するもっとも包括性の高いレベルである。第2のレベルは，自己を社会的類似性や差異性に基づき内集団・外集団にカテゴリ化するレベルである。第3のレベルは，さらに自己を内集団の他のメンバーとの類似性や差異性に基づいてカテゴリ化するレベルである。このうち包括性のより高いレベルにおける自己カテゴリ化は，より低いレベルにおける自己カテゴリ化を含み得るものである。これらのうちのどの抽象化レベルで自己カテゴリ化をするかは，対人比較がどのような文脈で発生するかにより異なってくるといえる。

第２点目は刺激まとまりのカテゴリ化である。これは，心理学的に意味を持つ刺激まとまりが存在するあらゆる状況の下で，認知的比較を行う主体にとって直接関連を持つ（であろうと考えられる）当該刺激まとまりの中にある刺激間の差異（刺激まとまり内差異）が，他に存在するあらゆる刺激との間の差異（刺激まとまり間差異）との比較において小さいと認知されるとき，当該刺激まとまりは実体を有するものとしてカテゴリ化されるということである。すなわち，個人を個人的から社会的という“抽象レベル”で変動する尺度上において捉えようとする社会的アイデンティティ理論を発展させ，この変動を刺激まとまり内差異と刺激まとまり間差異との間に認知的に生じるメタ・コントラスト比[2)]によってより緻密に説明しようとするものである。このメタ・コントラスト比が高いほど（刺激まとまり内差異が相対的に小さくなるほど），当該刺激まとまりのカテゴリ（成員）性は顕著となる。

第３点目は，第２点目に呼応し，ある社会的カテゴリ（の成員）のプロトタイプ性は，上記のメタ・コントラスト比より導かれるということである。

第４点目は脱個人化である。カテゴリ（成員）性の顕著さが高まる結果（第２点目の結果）として，認知的比較の主体（自己）と当該カテゴリ成員との間に仮定される類似性，同等性および互換性の知覚（言い換えれば，外集団成員との差異性の知覚）が高まることとなる。このようにカテゴリ（成員）性の顕著さの高まりは，認知的比較の主体（自己）に対し，当該カテゴリ内の他の成員とは異なった独自の存在としての知覚ではなく，他の成員と置き換え可能な存在としての知覚をもたらすこととなる。認知的比較の主体（自己）がこのように知覚するようになる過程のことを，脱個人化という。この自己知覚に関する脱個人化は，さまざまな集団間および集団内過程に通底するものであるといえる。

５点目は，社会的カテゴリの形成は，認知的類似性や差異性に基づいた認知的な処理過程に依存しているということである。このことはすなわち，その場その場に存在するあらゆる刺激を手がかりとして当該状況に即した社会的カテゴリ化が行われたり（たとえば，本節第１項で述べた“若者カテゴリへの同化”のような現象もこれに含まれよう），すでに存在する分類（性別，職業，宗教など）の自己への内面化を通しての社会的カテゴリ化が行われるような過程のことを指している。

最後に挙げる点はプロトタイプ性の肯定的評価である。ある社会的カテゴリにおけるカテゴリ（成員）性が顕著となっている場合，当該社会的カテゴリが肯定的に評価されるほどそのカテゴリ（の成員）のプロトタイプ性も必然的に肯定的な評価を受けることとなる。したがって，当該カテゴリ成員がプロトタイプ的であれば，それだけ成員相互における魅力も増すこととなる。この魅力とは，ある集団や個人の持つ好ましい性質によってではなく，内集団成員性や当該カテゴリ成員性によってもたらされるものである。この点に関しては，前項で述べたことと同様である。

以上前項および本項においては，社会的アイデンティティ理論および自己カテゴリ化理論の発生過程とその基本概念について述べてきた。これらの理論を本研究の“若者行動の理解のための理論的枠組み”の基礎理論として用いた場合の利点については，次項において議論をする。

社会的アイデンティティ理論および自己カテゴリ化理論を基礎理論とする“若者行動の理解のための理論的枠組み”

本節第1項において述べたように，若者特有の行動を社会的アイデンティティ理論および自己カテゴリ化理論に照らしてみると，次のような枠組みを仮定することが可能となるのであった。すなわち，①若者が，若者とは知覚しないようなカテゴリとの比較を通し，自らを若者カテゴリに位置づけていく過程が存在する。②この過程は，言い換えれば，若者がいわば“非若者カテゴリ”では用いられることがないような彼らに独自な行動をとることにより，彼らの所属するカテゴリと他のカテゴリとの間にある差異性を最大化させ，また同時に所属するカテゴリ成員間の差異性を最小化させながら彼らに特有のカテゴリへの同化（すなわち，“若者らしさ”の表現の獲得）を高めていく過程である。③そして，異なったカテゴリ間の差異性を最大化することによる自己高揚を通し，若者は肯定的な社会的アイデンティティの確立へと導かれるのではないかと予測できる，というものである。この枠組みの内容妥当性については，本節第2項および第3項における社会的アイデンティティ理論および自己カテゴリ化理論に関する記述を通して確認することができるものと考える。

以上，第 2 節から第 3 節にわたって 2 つの大きな理論について通覧してきた。ひとつは Erikson のアイデンティティの獲得に関する理論であり，もうひとつは，社会的アイデンティティ理論および自己カテゴリ化理論であった。ここで，若者特有の行動に対する理解を深めていこうとするとき，上に挙げた 2 つの理論のうちのどちらの理論に依拠するかを比較してみると，後者の視点，すなわち個人の発達性を問題とせずに単に社会的カテゴリ性によってのみアイデンティティの獲得プロセスを説明できる視点をとる方が，若者特有の行動を“非若者”側から理解するのみならず，世代を越えた理解を促すことにも寄与する可能性が高まるのではないかと考えられよう。

したがって，若者特有の行動が，若者自身と彼らを取り巻く多くの人びと一般にとって了解可能な“若者行動の理解のための理論的枠組み”の提案と，若者特有の行動を捉えるための妥当な指標の検討，ならびにこの枠組みに従って若者特有の行動の生起を理解することが可能であることの実証的検討という，本研究の一連の目的を達成するための最初の作業として，ここで後者の視点，すなわち社会的アイデンティティ理論および自己カテゴリ化理論を基礎理論とする既述の理論的枠組みを“若者特有の行動を理解するための理論的枠組み”として提案することが相応しいものと結論づける。

よって次章以降においては，なぜ若者は若者特有といわれるような行動をとるのかという問に対する解を得ていこうとする際，社会的アイデンティティ理論および自己カテゴリ化理論を基礎理論とする既述の枠組みに従って実証的な研究を進めていくこととする。

しかしながら，これまでの若者特有の行動に関する研究においては，社会的アイデンティティ理論および自己カテゴリ化理論を基礎理論とした検討はほとんどなされてきていないため，これらを基礎理論とした枠組みに従って若者特有の行動の生起を理解することが可能か実証的に検討していくためには，まず若者特有の行動とは実際にいかなるものとして捉えられているのか，その実態を上記の基礎理論に基づいて明らかにしていくことが必要となる。

そこでまず，次章においては，第 1 節でも述べたような若者特有の行動とは実際にどのようなものとして捉えられているのか，若者観察者[3)]の視点より探索的に明らかにしていく。さらに，報告された若者特有の行動の生起は，はたして若者固有の心理機制によるものであるといえるのか検討を加える。

さらに第3章においては，調査対象を“若者”に移して，若者特有の行動を若者自身が実際にはどのようなものとして捉えているのか探索的に明らかにしていく。加えて，若者特有の行動が若者固有の心理機制ゆえに生起するものなのかという点についても検討していくこととする。

これら2つの章は，若者特有の行動について若者観察者および若者という2つの視点からその実態把握を試みるものである。そのことにより，上に示した枠組みに従って若者特有の行動の生起に対する理解を得ていくための次なる実証研究に向け，有用となる基礎資料を得ることとする。

そして，第4章において若者特有の行動を捉えるためにはどのような指標が妥当であるかを検討し，第4章以降において上記基礎理論に基づく枠組みに従って若者特有の行動の生起を理解することが可能であるか実証的に検討を行っていくこととする。

引用文献

天谷祐子（2004）．質問紙調査による「私」への「なぜ」という問い―自我体験―の検討　発達心理学研究，**15**，356-365.

安藤清志（2000）．自他集団および友人関係の評価と自尊感情　東京女子大学比較文化研究所紀要，**61**，1-14.

Billig, M., & Tajfel, H. (1973). Social categorization and similarity in intergroup behavior. *European Journal of Social Psychology*, **3**, 27-52.

Coleman, J., & Hendry, L. (1999). *The nature of adolescence*, 3rd Ed. London : Routledge.

（白井利明・若松養亮・杉村和美・小林亮・柏尾眞津子（訳）（2003）．青年期の本質　ミネルヴァ書房

土井隆義（2004）．「個性」を煽られる子どもたち　親密圏の変容を考える　岩波ブックレット633　岩波書店

榎本淳子（1999）．青年期における友人との活動と友人に対する感情の発達的変化　教育心理学研究，**47**，180-190.

榎本淳子（2000）．青年期の友人関係における欲求と感情・活動との関連　教育心理学研究，**48**，444-453.

Erikson, E. H. (1959). *Psychological issues : Identity and the life cycle*. International Universities Press.

（小此木啓吾（訳編）（1973）．自我同一性　アイデンティティとライフサイクル　誠信書房）

Freud, S. (1946). *Selbst darstellung.* London : Imago Publishing.
（生松敬三（訳）（1975）．自叙・精神分析　みすず書房）

福森崇貴（2006）．青年期における不快情動の回避と破壊的行動との関連　カウンセリング研究，**39**，11–16.

福森崇貴・小川俊樹（2006）．青年期における不快情動の回避が友人関係に及ぼす影響—自己開示に伴う傷つきの予測を媒介要因として　パーソナリティ研究，**15**，13–19.

Grotevant, H.D., & Cooper, C. R. (1985). Patterns of interaction in family relationships and the development of identity exploration in adolescence. *Child Development*, **56**, 415–428.

速水敏彦・木野和代・高木邦子（2004）．仮想的有能感の構成概念妥当性の検討　名古屋大学大学院教育発達科学研究科紀要　心理発達科学，**51**，1–8.

速水敏彦・小平英志（2006）．仮想的有能感と学習観および動機づけとの関連　パーソナリティ研究，**14**，171–180.

平石賢二（1993）．青年期における自己意識の発達に関する研究（Ⅱ）—重要な他者からの評価との関連—　名古屋大学教育学部紀要　教育心理学，**40**，99–125.

平石賢二・久世敏雄・大野久・長峰伸治（1999）．青年期後期の親子間コミュニケーションの構造に関する研究—個性化モデルの視点から—　青年心理学研究，**11**，19–36.

廣實優子（2002）．現代青年の交友関係に関連する心理学的要因の展望　広島大学大学院教育学研究科紀要　第三部，**51**，257–264.

Hogg, M. A. (1992). *The social Psychology of group cohesiveness : From attraction to social identity*. Herts : Harvester Wheatsheaf.
（廣田君美・藤澤等（監訳）（1994）．集団凝集性の社会心理学　北大路書房）

Hogg, M. A. (2006). Self-conceptual uncertainty and the lure of belonging. In R.Brown & D. Capozza (Eds.), *Social identities*. Hove and New York : Psychology Press. pp. 33–49.

Hogg, M. A., & Abrams, D. (1990). Social motivation, self-esteem and social identity. In D. Abrams & M. A. Hogg (Eds.), *Social identity theory : Constructive and critical advances*. Hemel Hempstead : Harvester Wheatsheaf. pp. 28–47.

池田幸恭（2006）．青年期における母親に対する感謝の心理状態の分析　教育心理学研究，**54**，487–497.

乾彰夫・安達眸・有川碧・遠藤康裕・大岸正樹・児島功和・杉田真衣・西村貴之・藤井吉祥・宮島基・渡辺大輔（2007）．明日を模索する若者たち：高卒３年目の分岐—

「世界都市」東京における若者の<学校から雇用へ>の移行過程に関する研究Ⅲ―　教育科学研究，**22**，19-119.

石田靖彦（1998）．友人関係の親密化に及ぼすシャイネスの影響と孤独感　社会心理学研究，**14**，43-52.

金政祐司（2006）．恋愛関係の排他性に及ぼす青年期の愛着スタイルの影響について　社会心理学研究，**22**，139-154.

川崎直樹・小玉正博（2007）．対人恐怖傾向と自己愛傾向の共通構造としての自己概念の乖離性及び不安定性の検討　パーソナリティ研究，**15**，149-160.

北山忍（1994）．文化的自己観と心理的プロセス　社会心理学研究，**10**，153-167.

清永賢二（1999）．現代少年非行の世界―空洞の世代の誕生―　清永賢二（編）少年非行の世界　有斐閣選書　pp. 1-35.

高坂康雅・戸田弘二（2003）．青年期における心理的自立（Ⅰ）―「心理的自立」概念の検討―　北海道教育大学教育実践総合センター紀要，**4**，135-144.

小谷敏（1998）．若者たちの変貌―世代をめぐる社会学的物語　世界思想社

熊谷隼・杉山憲司（2007）．いじめ・いじめられ経験と仮想的有能感・自尊感情の関連性　日本パーソナリティ心理学会第16回大会発表論文集，166-167.

栗原彬（1989）．やさしさの存在証明　若者と制度のインターフェイス　新曜社

松本文（2007）．青年期後期の自己愛傾向と対人態度の関連　友人・恋人・親に対する肯定的態度に関して　心理臨床学研究，**25**，186-196.

松本麻友子・速水敏彦・山本将士(2007)．高校生における仮想的有能感と問題行動―部活動に着目して―　日本パーソナリティ心理学会第16回大会発表論文集，162-163.

松尾恒子（1996）．遊び心なきギャング・エイジ現象　情緒障害児といじめへの一視覚　こころの科学，**70**．46-49.

松島るみ（2000）．自己開示と青年の友人関係　応用教育心理学研究，**17**，29-36.

宮下一博（1999）．中島義明他（編）心理学辞典　有斐閣　p. 5.

宮下一博・渡辺朝子（1992）．青年期における自我同一性と友人関係　千葉大学教育学部研究紀要　第1部，**40**，107-111.

水野将樹（2004）．青年は信頼できる友人との関係をどのように捉えているのか―グラウンデッド・セオリー・アプローチによる仮説モデルの生成―　教育心理学研究，**52**，170-185.

内閣府（2005）．青少年白書（平成17年版）　国立印刷局

中島義実（1997）．現代におけるイニシエーションの制度的困難と発達契機への個人的遭遇―文献的展望による青年期理解の試論―　名古屋大学教育学部紀要　心理学，**44**，165-176.

中西新太郎（2004）．若者たちに何が起こっているのか　花伝社

難波久美子（2005）．青年にとって仲間とは何か：対人関係における位置づけと友だ

ち・親友との比較から　発達心理学研究，**16**，276–285.
西川隆蔵（1994）．青年期におけるパーソナリティの開放性—閉鎖性に関する研究—自己の2面性，及び自己評価との関係について—　教育心理学研究，**42**，281–290.
落合良行・佐藤有耕（1996）．青年期における友達とのつきあい方の発達的変化　教育心理学研究，**44**，55–65.
落合良行・竹中一平（2004）．青年期の友人関係研究の展望—1985年以降の研究を対象として—　筑波大学心理学研究，**28**，55–67.
大平健（1990）．豊かさの精神病理　岩波新書
大出美知子・澤田秀一（1988）．自己受容に関する一研究—様相と関連要因をめぐって—　カウンセリング研究，**20**，128–137.
大石千歳（2003）．社会的アイデンティティ理論による黒い羊効果の研究　風間書房
岡田努（1993a）．現代青年の友人関係に関する考察　青年心理学研究，**5**，43–55.
岡田努（1993b）．現代の大学生における「内省および友人関係のあり方」と「対人恐怖的心性」との関係　発達心理学研究，**4**，162–170.
岡田努（1995）．現代大学生の友人関係と自己像・友人像に関する考察　教育心理学研究，**43**，354–363.
岡田努（2007）．現代青年の心理学—若者の心の虚像と実像　世界思想社
岡田康伸（1990）．青年期の男性のイニシエーション　氏原寛・東山弘子・岡田康伸（編）現代青年心理学—男の立場と女の状況—　培風館　pp. 115–137.
岡本吉生（2003）．今年の青少年問題　青少年問題，**50**(12)，10–17.
大久保智生（2005）．青年の学校への適応感とその規定要因—青年用適応感尺度の作成と学校別の検討—　教育心理学研究，**53**，307–319.
小塩真司（1998）．青年の自己愛傾向と自尊感情，友人関係のあり方との関連　教育心理学研究，**46**，280–290.
佐藤香（2005）．愛着的個人主義と新日本人の情緒性　佐藤香（編）感情現象の諸相　ナカニシヤ出版　pp. 97–114.
下斗米淳（2004）．現代青年における対人ネットワークの拡張可能性について：準拠集団としての道具的機能評価からの検討　専修人文論集，**75**，87–116.
白井利明（2006）．現代青年のコミュニケーションからみた友人関係の特徴—変容確認法の開発に関する研究（Ⅲ）—　大阪教育大学紀要　第Ⅳ部門，**54**(2)，151–171.
宗田直子・岡本祐子（2005）．アイデンティティの発達をとらえる際の「個」と「関係性」の概念の検討—「個」尺度と「関係性」尺度作成の試み—　青年心理学研究，**17**，27–42.
杉本希映・庄司一子（2006）．「居場所」の心理的機能の構造とその発達的変化　教育心理学研究，**54**，289–299.

杉村和美（2004）．焦点モデルの実証研究と応用　発達，**25**(98)，75-79.

杉山明子・井上果子（2006）．青年期における回避傾向に関する調査研究　基本的信頼感，養育態度との関連　心理臨床学研究，**24**，419-429.

多田道太郎（1972）．しぐさの日本文化　筑摩書房

Tajfel, H.（1970）. Experiments in intergroup discrimination. *Scientific American*, **223**，96-102.

Tajfel, H., Billig, M. G., Bundy, R. P., & Flament, C.（1971）. Social categorization and intergroup behavior. *European Journal of Social Psychology*, **1**，149-178.

Tajfel, H., & Turner, J. C.（1986）. The social identity theory of intergroup behavior. In S. Worchel & W. G. Austin（Eds.), *Psychology of intergroup relations*, 2nd Ed. Chicago: Nelson-Hall. pp. 7-24.

高田昭彦（1989）．現代青年の政治意識―アイデンティティ概念の現代的再規定―　H. カスタニエダ・長島正（編）ライフサイクルと人間の意識　金子書房　pp. 163-180.

高田利武・矢守克也（1998）．高校生の乗車行動と文化的自己観　青年心理学研究，**10**，19-34.

竹石聖子（2006）．高校生にとって働くということ―高卒後に地元で働く青年たちの生き方　発達，**108**，35-42.

豊泉周治（1998）．アイデンティティの社会理論―転形期日本の若者たち　青木書店

Turner, J. C.（1987）. *Rediscovering the social group: A self-categorization theory*. Oxford: Blackwell.

（蘭千壽・磯崎三喜年・内藤哲雄・遠藤由美（訳）（1995）．社会集団の再発見―自己カテゴリー化理論　誠信書房）

上野行良・上瀬由美子・松井豊・福富護（1994）．青年期の交友関係における同調と心理的距離　教育心理学研究，**42**，21-28.

海野祥子（2002）．現代の中高生はとっても大変！　青少年問題，**49**(3)，10-16.

和田実（1993）．同性友人関係：その性および性役割タイプによる差異　社会心理学研究，**8**，67-75.

山口正二・岡本貴行・中山洋（2004）．高等学校における部活動への参加と学校適応度との関連性に関する研究―学校類型の視点より―　カウンセリング研究，**37**，232-240.

山本将士（2007）．仮想的有能感からみた高校生のいじめ　名古屋市立大学大学院人間文化研究科人間文化研究，**8**，191-205.

山中一英（1994）．対人関係の親密化過程における関係性の初期分化現象に関する検討　実験社会心理学研究，**34**，105-115.

吉岡和子（2001）．友人関係の理想と現実のズレ及び自己受容から捉えた友人関係の

満足感　青年心理学研究，**13**，13-30.

湯川進太郎（2002）．自己存在感と攻撃性―自己存在感の希薄さ尺度の信頼性と妥当性の検討―　カウンセリング研究，**35**，219-228.

注

1）これをより一般的にいえば，あるカテゴリ内における個人と他の成員との間に一体性が生じることにより，個人があるカテゴリになじむことであるといえる（多田，1972参照）。本研究での若者カテゴリにおいては，若者が若者カテゴリのプロトタイプ性を備えるようになる，すなわち“若者らしさ”の表現を獲得するようになることであると捉えている。

2）メタ・コントラスト比とは，刺激まとまり内差異の平均値と刺激まとまり間差異の平均値との比率のことである。

3）概ね20歳代半ば以降の人びとのことを指している。

第Ⅱ部　実証研究

第2章　若者特有の行動に関する実態把握
—若者観察者の視点から—[4)]

第1節　問題と目的

序論において述べた通り，近年若者の行動や対人関係のあり方に関してこれまでには観察されなかったような変化（たとえば，携帯メール，奇異なファッション，所かまわず座り込む，乱暴なことば使い，人目を気にせず大声で話す，学校現場などにおけるキレる現象，見ず知らずの相手に対する徒党を組んでの暴行・殺人など）がみられるようになってきているのではないかとの指摘がある。そうであるならば，こうした若者に特有といわれるさまざまな対人関係や行動（本研究では，これらを“若者特有の行動”とよんでいた）の実態はいったいどのようなものであり，それらは若者にとってどのような意味を持つものであると考えられるのだろうか。

こうした若者特有の行動を引き起こす心理機制を考える際，前章に示した社会的アイデンティティ理論および自己カテゴリ化理論に基づくと次のような枠組みを想定することが可能なのであった。すなわち，①若者が，若者とは知覚しないようなカテゴリとの比較を通し，自らを若者カテゴリに位置づけていく過程が存在する。②この過程は，言い換えれば，若者がいわば“非若者カテゴリ”では用いられることがないような彼らに独自な行動をとることにより，彼らの所属するカテゴリと他のカテゴリとの間にある差異性を最大化させ，また同時に所属するカテゴリ成員間の差異性を最小化させながら彼らに特有のカテゴリへの同化（すなわち，“若者らしさ”の表現の獲得）を高めていく過程である。③そして，異なったカテゴリ間の差異性を最大化することによる自己高揚を通し，若者は肯定的な社会的アイデンティティの確立へと導かれるのではないかと予測できる（Billig & Tajfel, 1973；Hogg, 1992, 2006；Hogg & Abrams,

1990；Turner，1987)，というものであった。

しかしながら，これまでの若者特有の行動に関する研究においては，社会的アイデンティティ理論および自己カテゴリ化理論を基礎理論とした検討はなされてきていないため，上に示した枠組みに従って若者特有の行動の生起に対する理解を得ていくためには，まず若者特有の行動とは実際にいかなるものとして捉えられているのか，その実態を上記基礎理論に基づいて明らかにしていくことが必要となる。その際，上に示した枠組みに従うと，若者とそれ以外の人びと一般との間にみるような行動上の特徴を，発達段階によって異なる複数の心理機制で説明せずとも，社会的カテゴリという概念のみを用いることによって理解することが可能となるのであった。そうであるならば，若者特有の行動を把握する上で，人びと一般（主に成人世代を指す）の視点による実態と若者自身の視点による実態の双方を明らかにしておく必要がある。そのことによって，若者特有の行動がその行動の主体である若者に固有の心理機制によって生起するものであるか示唆を得ることが可能となるからである。

そこで本章では，“若者”を客観的に観察可能な，主に成人世代（以下，“若者観察者”と記載）を調査対象とし，若者特有の行動とは実際どのようなものとして捉えられているのか，若者観察者の視点からその実態を探索的に明らかにしていくこととする。具体的な方法に関しては，次節にて詳述するように，“今の若者”と聞いて思い浮かべる若者特有の行動にはどのようなものがあるかを自由記述にて回答を求めることとする。

次に，この若者観察者の社会的アイデンティティのあり方によって，報告される若者特有の行動に違いが生じるものであるかを明らかにするため，若者観察者の社会的アイデンティティのあり方と報告された若者特有の行動との関連性を検討する。社会的アイデンティティの指標には，次節にて述べるように自己紹介文の記述内容を用いることとする。

さらに，報告された若者特有の行動がその行動の主体である若者に固有の心理機制によって生起するものであるか示唆を得るため，報告された若者特有の行動を若者観察者が実際どの程度行い，またどの程度許容（理解）できるかを尋ねることとする。すなわちここでは，ある行動の生起（本章では“当てはまり度”）と，その行動を引き起こす心理機制（本章では“理解度”）との間のズレを探索しようと意図している。

また，人口統計学的変数によって“若者”の想定年齢や若者特有の行動の報告数に違いがみられるものであるかについても言及することとする。

したがって本章では，若者観察者の社会的アイデンティティおよび自己カテゴリ化の視点から以下の諸点についての明確化を試みることが目的となる。すなわち，若者観察者は具体的にはどのような行動を若者特有の行動として捉えているのか，また，この若者観察者の社会的アイデンティティのあり方によって，若者特有の行動の報告に違いが生じるものであるのか，さらに，報告された若者特有の行動は，若者固有の心理機制によって生起することが示唆され得るのか，大きくはこれら3点についての検討を行っていくこととなる。

第2節　方　法

調査対象

東京都および神奈川県内の大学院生，公立児童館職員，公立中学校教職員，公立病院スタッフなど計132名を対象に質問紙調査を実施した。

質問紙構成

（1）質問1　ここでは，自己概念に，ある集合体への位置づけがみられるかどうかによって集合的同一性（本研究における“社会的アイデンティティ”と同義と考えられる）の成立を判断した永田（2000）に従い質問をした。

“あなたのことを全く知らない初対面の人に自己紹介をする場合，あなたはご自分についてどのようなことをお話になるでしょうか？　そのような場面をイメージしていただき，お話になると思われるような自己紹介文を下記の枠内にお書きください”という教示を用い，A4サイズの用紙1枚に描かれた枠内に自己紹介文の記述を求めた。

（2）質問2－1　“‘今の若い者は’とは昔よりよく耳にすることばではありますが，あなたは今の若者に特徴的な行動や対人関係のあり方（以下，‘行動’と記載）として，どのようなものを思い浮かべることができますか？　いくつでも結構ですので，次ページ以降に記載のあります枠の中に思いつく限りをお答えください。また，その行動をあなたはどのようにご覧になっているかもあわせてお答えください。お答えいただく際は，ひとつのお答えに対しひとつの枠をお使いください（下記の‘例’をご参照ください)”という教示を用い，“今の若者”と聞いて思い浮かべる特徴的な行動にはどのようなものがあるか思いつく限りできるだけ多く（最大15個）自由記述にて回答を求めた。またそのような行動をどのように評価しているかについても，自由記述により回答を求めた。ここでは，全調査対象者から得られた回答数（行動の数）を“行動報告数”，回答の質的内容を“行動関連事項”とする。

（3）**質問２－２**　回答されたそれぞれの行動について，“‘質問２－１’でお答えいただいた行動は，今のあなたご自身にも実際にあてはまるものでしょうか？　枠の下に記載された‘質問２－２→’のところの‘1’～‘7’までありますす数字より，最もあてはまるものに○印をおつけください(下記の‘例’をご参照ください)”という教示を用い，その行動を調査協力者自身も行うか“1（全くあてはまらない)”から“7（とてもあてはまる)”の７段階で評定させた。

（4）**質問２－３**　質問２－１で回答されたそれぞれの行動について，“‘質問２－１’でお答えいただいた行動は，あなたご自身に実際あてはまるか否かとは関係なく，今のあなたご自身にとってどのくらい理解できるものといえるでしょうか？　枠の下に記載された‘質問２－３→’のところの‘1’～‘7’までありますす数字より，最もあてはまるものに○印をおつけください（下記の‘例’をご参照ください)”という教示を用い，その行動を調査協力者自身が行うか否かは別として少なくとも許容はできるか，上記と同様の７段階で評定させた。

（5）**質問３**　“質問２において，あなたは‘若者’をどのような年齢層の人々としてイメージされたでしょうか”という教示を用い，質問２において若者をどのような年齢層の人びととしてイメージしたか自由記述にて回答を求めた。ここでは，全調査対象者から得た回答を，回答された（イメージされた）年齢層ごとに分類し，それぞれの分類における回答数を“若者の想定年齢カテゴリ別報告数”とする。

（6）人口統計学的変数として，年齢，性別，職業および配偶者の有無について回答を求めた。

調査期間

2004年12月下旬から2005年３月上旬であった。

有効回答

調査対象者132名のうち45名より回答を得たが，このうち回答に不備のあった４名を除外した結果有効回答者は41名となり，有効回答率は31.1%であった。有効回答者の平均年齢は38.32歳（21歳から57歳まで，*SD*＝10.96）であった。

社会的アイデンティティの指標

永田（2000）は，多様な社会的次元への自己定位から自己の位置の明確な把握が可能になるとし，その多様な社会的次元を表す単位である複数のカテゴリの使用を個々における社会的アイデンティティ（永田（2000）によれば“集合的同一性”）確立の程度の指標として用いている。そこで，本章においても永田（2000）に基づき，質問１で報告された自己紹介文における記述内容に，次節第５項に記載のある各カテゴリ（社会的アイデンティティ関連事項）に関する言及がみられるかを検証し，その結果を個々における社会的アイデンティティの指標とする。

本研究全体における分析ならびに解釈上の前提

本研究全体における結果の分析ならびに解釈には，以下のような前提を置いた。本研究における統計的仮説検定では，慣例に従い有意水準を５%とした。しかしながら，本研究での分析対象はそのほとんどすべてが人間の社会的行動に関するものであり，これらは個人内変動が小さい一方で個人間の変動（個人差）は極めて大きいものであると考えられる。加えて，人間の社会的行動において，説明率の合計が100%に近い諸要因によって規定される行動は極めて稀であり，加えて分析対象者の些細な特性や属性の違いといったさまざまな要因が結果に微妙な影響を及ぼす可能性も予想の範囲内である。こうした剰余変数については，可能な限り統制するよう心がけてはいたが，特に質問紙調査などにおいてはそれにも限界があった。さらに，本研究を通しての分析対象者も決して多いとはいえない状況があった。以上のような諸条件を考慮するならば，有意水準を５%としたのもあくまで慣例的な作業と捉え，社会心理学など主に人間の社会的行動を扱う領域において許容されている10%水準を傾向差として解釈することも必要であり，これは学術的にも許される範囲であると考えた。

むしろ，上記のような厳しい諸条件が背景にあってもなお，10%水準で差が確認されたのであれば，これを積極的に解釈の対象に含もうとする姿勢の方が学術的にも好ましいと考えられる。確率分布上は10%の棄却域に入る結果であっても，これを捨象せずに解釈することが，人間の社会的行動の意味づけや人間理解の上で必要となる場合も多いものと考え，本研究の以下の分析においては，多重比較の結果を除き10%水準も傾向差として解釈を加えた。ただし，この場合の解釈は十分に慎重でなければならないことはいうまでもない。また，解釈上特に慎重を要すると考えられる点については，当該箇所に別途その旨を記載した。

第3節　結　果

人口統計学的変数に基づく調査対象者の分類

本章においては，41名の報告者（有効回答者）のうち，20歳代および30歳代の報告者を“若年層”，40歳代および50歳代の報告者を“高年齢層”として扱った。その結果，若年層は19名（平均年齢27.74歳，$SD=4.95$），高年齢層は22名（平均年齢47.45歳，$SD=4.76$）であった。男性は17名，女性は24名であった。

報告者の職業別分類は，質問4で報告された記述内容に基づいて行った。今回の調査では大学学部生を対象としてはいなかったが，公立病院スタッフなどに学部生の非常勤スタッフも含まれており，そのような報告者が質問4において“学生”などと記述した場合には“学生”として分類した。また，大学院生はその多くが“学生”と記述しており，これも“学生”に分類した。また，職業欄が未記入もしくは“無職”と記述されていても，他の回答などより大学院生であることが明らかな場合には“学生”として分類した。また，職業欄に“大学院生，福祉作業所”などと複数の記述がみられる場合，非常勤職ではない“大学院生”を優先し“学生”に分類した。また，同じく職業欄に“スクールカウンセラー”，“心理職”など主に非常勤の心理職であると考えられる記述がある場合，一旦“心理職”として分類したが，その他に“学童保育の指導員”，“児童館臨時職員”，“医療関係”など福祉医療領域における非常勤職も若干名存在したため，これらを併せ最終的に“心理・福祉職”として分類した。また，“公務員”，“地方公務員”，“○○市嘱託職員”などは“公務員”として分類したが，地方公務員であっても中学校の教員に関しては，そのすべてが“教員”，“中学校教諭”などと記述していたため，これらは“教員”として分類した。また，“派遣会社社員”という記述が1件だけあったが，この場合，その職務内容が特定の職能に基づく職業ではない場合が多く想定される“公務員”に比較的近いと判断し，“公務員”として分類した。その結果，学生9名，心理・福祉職12名，公務員9名，教員11名に分類された。

未婚者は21名，既婚者は20名であった。

年齢層，性別，職業および婚姻状況別に報告者数を検証した結果，有意な差はみられなかった（両側検定，直接確率，$p>.10$；両側検定，直接確率，$p>.10$；$\chi^2(3)=0.66$，$p>.10$；両側検定，直接確率，$p>.10$）。

年齢層，性別，職業および婚姻状況別による若者の想定年齢カテゴリ別報告数

年齢層，性別，職業および婚姻状況別に若者の想定年齢カテゴリ別報告数を求め，結果を表1から表4に示した。

質問3における報告より，“若者”と想定される年齢は小学生に当てはまる年代から30歳代までと非常に広範囲であったが，小学生および大学生以降から30歳代は報告数が比較的少なかったため，年齢層を“中学生以下”，“高校生”および“大学生以上”の3つのカテゴリに分類した。その際，たとえば“15歳から20歳”などの報告については，“高校生”および“大学生以上”の2つのカテゴリに当てはまるものと判断し，それぞれをひとつの度数として処理した。同様に，“15歳から30歳”などの報告については，“高校生”および“大学生以上”の2つのカテゴリに，“12歳から22歳”，“小学生から10代”，“中3から大1”などの報告については，“中学生以下”，“高校生”および“大学生以上”の3つのカテゴリに，“18歳から23歳”などの報告については，“大学生以上”の単一カテゴリにそれぞれ当てはまるものと判断した。したがって，ここでは報告数と報告者数は一致していない。

年齢層，性別，職業および婚姻状況別に若者の想定年齢カテゴリ別報告数を検証した結果，有意な差はみられなかった（$\chi^2(2)=0.73$，$p>.10$；$\chi^2(2)=1.35$，$p>.10$；$\chi^2(6)=1.66$，$p>.10$；$\chi^2(2)=1.02$，$p>.10$）。

表 1　年齢層別による若者の想定年齢カテゴリ別報告数と行動報告数（実数）

指標＼年齢層	若年層（n＝19）	高年齢層（n＝22）
中学生以下	13	13
高校生	19	15
大学生以上	15	18
行動報告数	143	127
行動報告数の平均	7.53	5.77

表 2　性別による若者の想定年齢カテゴリ別報告数と行動報告数（実数）

指標＼性別	男性（n＝17）	女性（n＝24）
中学生以下	8	18
高校生	14	20
大学生以上	15	18
行動報告数	104	166
行動報告数の平均	6.12	6.92

表 3　職業別による若者の想定年齢カテゴリ別報告数と行動報告数（実数）

指標＼職業	学生（n＝9）	心理・福祉職（n＝12）	公務員（n＝9）	教員（n＝11）
中学生以下	5	8	6	7
高校生	9	11	9	5
大学生以上	8	11	7	7
行動報告数	66	105	68	31
行動報告数の平均	7.33	8.75	7.56	2.82

表 4　婚姻状況別による若者の想定年齢カテゴリ別報告数と行動報告数（実数）

指標＼婚姻状況	未婚（n＝21）	既婚（n＝20）
中学生以下	16	10
高校生	19	15
大学生以上	16	17
行動報告数	150	120
行動報告数の平均	7.14	6.00

年齢層，性別，職業および婚姻状況別による行動報告数

年齢層，性別，職業および婚姻状況別に行動報告数を求め，結果を表１から表４に示した。行動報告数を求めるにあたって，41名の報告者により質問２－１で報告された行動関連事項のうち，回答に不備のない302項目につき２名の評定者により内容分析が行われた。その際，“自由と我侭を履き違えている”，“つきあいが悪い”，“社会的マナーのレベルが低い” など具体的な行動とは理解されがたい項目や曖昧な表現を用いた項目など32項目を分析対象から除外したため，最終的に行動報告数は270項目となった。報告者が記述した行動につき，それぞれをひとつの度数として処理したため，ここでも報告数と報告者数は一致していない。

年齢層，性別，職業および婚姻状況別に行動報告数を検証した。その結果，年齢層別では，若年層は高年齢層よりも報告数は有意に多かった（片側検定，直接確率，$p<.05$）。職業別では，教員は他の職業群よりも有意に少なく，また心理・福祉職は他の職業群よりも有意に多かった（$\chi^2(3)=40.61$，$p<.01$）。婚姻状況別では，未婚者の方が既婚者よりも多く報告する傾向にあった（片側検定，直接確率，$p<.10$）。性別による差はみられなかった（片側検定，直接確率，$p>.10$）。

なお，質問２－１において行動に関する評価の報告がなされていない項目については，当該項目を除外して分析を行った。

ここまでの結果より，性別による差は認められなかったため，以下においては男女を込みとして分析を行う。

行動関連事項に関する内容分析

上に述べた通り，41名の報告者により報告された行動関連事項のうち，回答に不備のない302項目につき２名の評定者により内容分析が行われた。その際，“自由と我侭を履き違えている”，“つきあいが悪い”，“社会的マナーのレベルが低い” など具体的な行動とは理解されがたい項目や曖昧な表現を用いた項目など32項目を分析対象から除外し，残りの270項目につき内容の類似性に基づいて分類を行った。その結果，最終的にひとつのカテゴリが３項目以上になるよう32カテゴリ計191項目に分類された。

分類の結果，14項目の行動関連事項により構成されたカテゴリは，“地べた座り” であった。以下同様に，12項目は “若者ことば”，11項目は “流行に敏感・おしゃれ” および “社会的マナーの悪さ”，10項目は “携帯使用”，９項目は “敬語不使用”，８項目は “集団での迷惑行動” および “すぐキレる”，７項目は “電車内でのメーク” および “ズボンを下げて穿く”，６項目は “ゲーム好き”，“鈍い金銭感覚”，“時間にルーズ”，“自分本位な行動”および“目上に対する非礼な態度”，5項目は“過度な気遣い”，“忍耐力の無さ”，“物を大切にしない”および“電車内での携帯等迷惑行為”，4項目は“消極的態度”，“コンビニ前でのたむろ”，“表面的な人間関係”，“活字嫌い”および“強い自己主張”，3項目は“食生活の乱れ”，“語彙の少なさ”，“無計画な生活”，“奇妙なイントネーション”，“いじめ・暴力”，“席を譲らない”，“挨拶できない”および“公私の不分別”であった。2名の評定者は，評定者間の一致率が100%となるまで内容分析を行った。

各社会的アイデンティティ関連事項の記述有無

前節で述べた通り，質問1で報告された自己紹介文における記述内容に，以下の各カテゴリ（社会的アイデンティティ関連事項）に関する言及がみられるかを検証し，その結果を個々における社会的アイデンティティの指標と捉えた。

当初は永田（2000）に従い，以下に数字を付して示した11個の各カテゴリの他にも，“性別”，“未婚”，“学歴・出身校”，“職業なし”，“私的な人間関係”，“(収入を伴わない）仕事”，“家族の職業”および“家族の学歴”の8個のカテゴリを設けて検証を行ったが，上記のうち前半の5カテゴリに関して言及した者は，それぞれ1名，1名，3名，2名，3名と少数であり，また，後半の3カテゴリに関して言及した者はみられなかったため，本章においてはこれら8カテゴリは用いず，他の11カテゴリにつき検証を試みることによって社会的アイデンティティの指標を導出した。

なお，本章においては各カテゴリに関する記述頻度は考慮されていない。

【1．氏名】：実名やニックネームへの言及についてのカテゴリであった。“△△です”などの記述も含む。また，以下すべてのカテゴリにおいて，具体的な自己紹介内容には言及せずとも，“名前を言います”などの記述がなされていれば“記述あり”とした。

【2．年齢】：実年齢などへの言及についてのカテゴリであった。“人生55年もたつと”などの記述も含む。

【3．既婚】：既婚者であることへの言及についてのカテゴリであった。“母親であり妻である”などの記述も含む。

【4．家族】：親子やきょうだいなど配偶者以外の家族に関する言及についての

カテゴリであった。“三人の子供を持つ”，“息子は”などの記述も含む。

【５．職業あり】：現在収入があると思われる仕事に関する言及についてのカテゴリであった。学生の場合，“心理学を専攻し”などや，単に“学生です”などとした場合も記述ありとみた。

【６．所属団体】：企業，官公庁，学校，各種団体（サークルなどを含む）などへの所属に関する言及についてのカテゴリであった。学生の場合，“文学研究科で”，“修士課程２年生です”など所属や属性が明らかな場合は記述ありとみた。単に“大学生です”などとした場合は，“職業あり”への記述とみた。

【７．居住地】：現在の居住地に関する言及についてのカテゴリであった。“大学の近くで一人暮らしをしています”などの記述も含む。

【８．出身地】：出身地に関する言及についてのカテゴリであった。

【９a．私的な価値観】：私的な欲求，価値観，趣味などに関する言及についてのカテゴリであった。“出会いを大切にすることを心がけております”，“ピアノを弾いたりその日の気分でしています”，“動物は心を癒してくれます”など。

【９b．公的な価値観】：他者との関係性に基づく欲求，価値観などに関する言及についてのカテゴリであった。“一生仕事をしていきたい”，“現在の仕事につきたいと考えていました”，“フリーターのようなものです”など。

【10．性格，能力】：自己に対する自他からの評価などへの言及についてのカテゴリであった。“運動は好きです”，“おしゃべりで驚かれます”，“のんびりやだと思っています”，“マイペースな性格です”など。

また，今回最終的に用いることのなかった８カテゴリは以下の通りであった。

【性別】：性別に関する言及についてのカテゴリであった。

【未婚】：未婚者であることへの言及についてのカテゴリであった。

【学歴・出身校】：学歴・出身校に関する言及についてのカテゴリであった。“大学では○○を専門として勉強してきた”など。

【職業なし】：現在収入があると思われる仕事に就いていないことへの言及についてのカテゴリであった。“主婦で”，“以前はサラリーマンをやっていました”など。

【（収入を伴わない）仕事】：ボランティア活動などに関する言及についてのカテゴリであった。

【家族の職業】：家族の職業に関する言及についてのカテゴリであった。

【家族の学歴】：家族の学歴に関する言及についてのカテゴリであった。

【私的な人間関係】：主に本人のみに関わる人間関係への言及についてのカテゴリであった。“紹介してくれた方と自分の関係”など。

なお，この手続きは2名の評定者によって行われた。評定者間の一致率は86.2%であった。

高頻度行動形態報告者の各社会的アイデンティティ関連事項記述有無への該当者数

既述の行動関連事項に関する内容分析の結果を踏まえ，行動関連事項191項目につき，行動の報告頻度別に高・中・低頻度行動形態群に分類した。その際，各群における項目数にバラつきが生じないように配慮をした結果，高頻度行動形態群は1カテゴリが9項目から14項目で構成されるカテゴリ群（計67項目），中頻度行動形態群は1カテゴリが6項目から8項目で構成されるカテゴリ群（計60項目），低頻度行動形態群は1カテゴリが3項目から5項目で構成されるカテゴリ群（計64項目）となった。ここから，高頻度行動形態を“地べた座り”，“若者ことば”，“流行に敏感・おしゃれ”，“社会的マナーの悪さ”，“携帯使用”および“敬語不使用”の6カテゴリと想定することとした。

これら6つの高頻度行動形態を報告した者のうち，上記の各社会的アイデンティティ関連事項（以下，“SIRI”と記載）の記述有無への該当者数を表5から表10に示した。このうち，“流行に敏感・おしゃれ”報告者に関してSIRIごとにみると，性格・能力記述あり群において“流行に敏感・おしゃれ”報告が有意に多く（片側検定，直接確率，$p<.05$），“携帯使用”報告者に関しては，所属団体記述あり群および出身地記述あり群において“携帯使用”報告が有意に多いかその傾向にあった（片側検定，直接確率，$p<.05$；片側検定，直接確率，$p<.10$）。その他に関しては，有意な差はみられなかった（片側検定，直接確率，$ps>.10$）。

ここで永田（2003），Turner（1987）などによると，年齢，性別，職業といった人口統計学的変数なども社会的アイデンティティの拠り所となるカテゴリになる条件を備えているため，以下の分析においては，質問4において得られた人口統計学的変数を直接的に社会的アイデンティティの指標として用いるこ

表5　“地べた座り”報告者のSIRI記述有無への該当者数（実数(%)）

SIRI＼記述の有無	記述あり （報告者＝14，報告数＝14）		各カテゴリ総記述者数	記述なし （報告者＝14，報告数＝14）		各カテゴリ無記述者数
氏名	12	85.7%	31	2	14.3%	10
年齢	4	28.6%	13	10	71.4%	28
既婚	3	21.4%	10	11	78.6%	31
家族	3	21.4%	10	11	78.6%	31
職業あり	9	64.3%	26	5	35.7%	15
所属団体	9	64.3%	24	5	35.7%	17
居住地	5	35.7%	12	9	64.3%	29
出身地	4	28.6%	10	10	71.4%	31
私的な価値観	10	71.4%	28	4	28.6%	13
公的な価値観	3	21.4%	13	11	78.6%	28
性格，能力	7	50.0%	17	7	50.0%	24

表6　“若者ことば”報告者のSIRI記述有無への該当者数（実数(%)）

SIRI＼記述の有無	記述あり （報告者＝11，報告数＝12）		各カテゴリ総記述者数	記述なし （報告者＝11，報告数＝12）		各カテゴリ無記述者数
氏名	9	81.8%	31	2	18.2%	10
年齢	4	36.4%	13	7	63.6%	28
既婚	2	18.2%	10	9	81.8%	31
家族	2	18.2%	10	9	81.8%	31
職業あり	6	54.5%	26	5	45.5%	15
所属団体	6	54.5%	24	5	45.5%	17
居住地	5	45.5%	12	6	54.5%	29
出身地	3	27.3%	10	8	72.7%	31
私的な価値観	8	72.7%	28	3	27.3%	13
公的な価値観	3	27.3%	13	8	72.7%	28
性格，能力	4	36.4%	17	7	63.6%	24

表7　“流行に敏感・おしゃれ”報告者のSIRI記述有無への該当者数（実数(%)）

SIRI＼記述の有無	記述あり			記述なし		
	（報告者＝9,	報告数＝11）	各カテゴリ総記述者数	（報告者＝9,	報告数＝11）	各カテゴリ無記述者数
氏名	7	77.8%	31	2	22.2%	10
年齢	3	33.3%	13	6	66.7%	28
既婚	4	44.4%	10	5	55.6%	31
家族	3	33.3%	10	6	66.7%	31
職業あり	5	55.6%	26	4	44.4%	15
所属団体	4	44.4%	24	5	55.6%	17
居住地	1	11.1%	12	8	88.9%	29
出身地	1	11.1%	10	8	88.9%	31
私的な価値観	7	77.8%	28	2	22.2%	13
公的な価値観	1	11.1%	13	8	88.9%	28
性格，能力	7	77.8%	17	2	22.2%	24

表8　“社会的マナーの悪さ”報告者のSIRI記述有無への該当者数（実数(%)）

SIRI＼記述の有無	記述あり			記述なし		
	（報告者＝8,	報告数＝11）	各カテゴリ総記述者数	（報告者＝8,	報告数＝11）	各カテゴリ無記述者数
氏名	5	62.5%	31	3	37.5%	10
年齢	1	12.5%	13	7	87.5%	28
既婚	3	37.5%	10	5	62.5%	31
家族	4	50.0%	10	4	50.0%	31
職業あり	3	37.5%	26	5	62.5%	15
所属団体	3	37.5%	24	5	62.5%	17
居住地	3	37.5%	12	5	62.5%	29
出身地	2	25.0%	10	6	75.0%	31
私的な価値観	7	87.5%	28	1	12.5%	13
公的な価値観	1	12.5%	13	7	87.5%	28
性格，能力	4	50.0%	17	4	50.0%	24

表9　“携帯使用”報告者のSIRI記述有無への該当者数（実数(%)）

SIRI＼記述の有無	記述あり			記述なし		
	（報告者＝10,	報告数＝10）	各カテゴリ総記述者数	（報告者＝10,	報告数＝10）	各カテゴリ無記述者数
氏名	8	80.0%	31	2	20.0%	10
年齢	2	20.0%	13	8	80.0%	28
既婚	2	20.0%	10	8	80.0%	31
家族	2	20.0%	10	8	80.0%	31
職業あり	8	80.0%	26	2	20.0%	15
所属団体	9	90.0%	24	1	10.0%	17
居住地	5	50.0%	12	5	50.0%	29
出身地	5	50.0%	10	5	50.0%	31
私的な価値観	8	80.0%	28	2	20.0%	13
公的な価値観	2	20.0%	13	8	80.0%	28
性格，能力	5	50.0%	17	5	50.0%	24

表10　“敬語不使用”報告者のSIRI記述有無への該当者数（実数(%)）

SIRI＼記述の有無	記述あり			記述なし		
	（報告者＝8,	報告数＝9）	各カテゴリ総記述者数	（報告者＝8,	報告数＝9）	各カテゴリ無記述者数
氏名	5	62.5%	31	3	37.5%	10
年齢	1	12.5%	13	7	87.5%	28
既婚	1	12.5%	10	7	87.5%	31
家族	2	25.0%	10	6	75.0%	31
職業あり	3	37.5%	26	5	62.5%	15
所属団体	3	37.5%	24	5	62.5%	17
居住地	1	12.5%	12	7	87.5%	29
出身地	2	25.0%	10	6	75.0%	31
私的な価値観	6	75.0%	28	2	25.0%	13
公的な価値観	4	50.0%	13	4	50.0%	28
性格，能力	2	25.0%	17	6	75.0%	24

表11　年齢層別各行動関連得点の平均値（*SD*）

各得点＼年齢層	若年層（報告数＝143）	高年齢層（報告数＝127）
行動当てはまり	2.74（1.51）	2.15（1.18）
行動理解	4.03（1.81）	3.99（1.75）

ととした。

なお，以下の分析では，既述の行動関連事項に関する内容分析において，行動とは理解されがたい項目や曖昧な表現を用いた項目など32項目を除外した後の270項目を分析対象としている。

年齢層別行動当てはまり度

行動関連事項に対する年齢層別行動当てはまり度（質問２－２における報告より導出）の平均値および標準偏差を表11に示した。年齢層を要因とする一元配置の分散分析の結果，低年齢層での当てはまり度が有意に高かった（$F(1, 268) = 12.48$，$p < .001$）。なお，ここでは報告数と報告者数が一致していないため，報告数を分析対象とするならば本来確率分布に基づく検定はなじまない。しかしながら，ここでは各報告数そのものを独立なものとして扱おうとしており，またここでの報告数は合計270と比較的多いものであったため，複数回答方式に対する確率分布を仮定しても重大な問題は生じないと考えた。その際，正規分布に従う母集団の平均値の推定などに多用される t 分布ではなく，F 分布に基づく分散分析を用いることとした。

年齢層別行動理解度

行動関連事項に対する年齢層別行動理解度（質問２－３における報告より導出）の平均値および標準偏差を，同様に表11に示した。年齢層を要因とする一元配置の分散分析を行った結果，理解度に年齢による有意な差はみられなかった（$F(1, 268) = 0.03$，$p > .10$）。

職業別行動当てはまり度

行動関連事項に対する職業別行動当てはまり度の平均値および標準偏差を表12に示した。職業を要因とする一元配置の分散分析を行った結果，当てはまり度に有意な差がみられた（$F(3, 266) = 3.09$，$p < .05$）。多重比較（Tukey 法）の結果，学生は心理・福祉職よりも当てはまり度が有意に高かった（$MSe = 1.92$，

表12　職業別各行動関連得点の平均値（*SD*）

各得点＼職業	学生（報告数＝66）	心理・福祉職（報告数＝105）	公務員等（報告数＝68）	教員（報告数＝31）
行動当てはまり	2.85（1.44）	2.19（1.38）	2.51（1.30）	2.45（1.39）
行動理解	4.50（1.45）	4.24（2.01）	3.41（1.48）	3.52（1.72）

表13　婚姻状況別各行動関連得点の平均値（*SD*）

各得点＼婚姻状況	未婚（報告数＝150）	既婚（報告数＝120）
行動当てはまり	2.61（1.46）	2.28（1.31）
行動理解	4.17（1.92）	3.82（1.58）

$p<.05$）。

職業別行動理解度

行動関連事項に対する職業別行動理解度の平均値および標準偏差を，同様に表12に示した。職業を要因とする一元配置の分散分析を行った結果，理解度に有意な差がみられた（$F(3,266)=5.87$，$p<.001$）。多重比較（Dunnett法）の結果，学生および心理・福祉職は公務員よりも理解度が有意に高かった（$MSe=3.02$，$p<.001$，$p<.05$）。なお，ここでは職業別行動理解得点に等分散性が仮定されなかった（$F(3,266)=6.16$，$p<.001$）ため，多重比較にDunnett法を用いた。

婚姻状況別行動当てはまり度

行動関連事項に対する婚姻状況別行動当てはまり度の平均値および標準偏差を表13に示した。婚姻状況を要因とする一元配置の分散分析を行った結果，当てはまり度は未婚者において高くなる傾向にあった（$F(1,268)=3.58$, $p<.10$）。

婚姻状況別行動理解度

行動関連事項に対する婚姻状況別行動理解度の平均値および標準偏差を，同様に表13に示した。婚姻状況を要因とする一元配置の分散分析を行った結果，理解度に婚姻状況による有意な差はみられなかった（$F(1,268)=2.58$, $p>.10$）。

高頻度行動形態の各行動当てはまり度

既述の高頻度行動形態の各行動に対する当てはまり度の平均値および標準偏差を表14に示した。ただし，ここでは分析対象度数が67と少数であったため，

表14　高頻度行動形態の各行動関連得点の平均値（*SD*）

各得点＼行動形態	“地べた座り”（報告数＝14）	“若者ことば”（報告数＝12）	“おしゃれ”（報告数＝11）	“マナーの悪さ”（報告数＝11）	“携帯使用”（報告数＝10）	“敬語不使用”（報告数＝9）
行動当てはまり	1.71(1.10)	2.67(1.25)	1.91(1.00)	2.27(1.29)	3.10(1.37)	2.22(1.31)
行動理解	3.00(1.46)	2.67(1.84)	3.91(1.68)	2.82(1.40)	4.60(1.56)	4.22(1.69)

行動形態を要因としてKruskal-WallisのH検定を行った。その結果，当てはまり度に行動形態による有意な差はみられなかった（$\chi^2(5)=8.57$，$p>.10$）。

高頻度行動形態の各行動理解度

既述の高頻度行動形態の各行動に対する理解度の平均値および標準偏差を，同様に表14に示した。行動形態を要因としてKruskal-WallisのH検定を行った結果，理解度に有意な差がみられた（$\chi^2(5)=11.73$，$p<.05$）。そこで，下位検定としてMann-WhitneyのU検定を行ったところ，“携帯使用”は“地べた座り”，“若者ことば”および“社会的マナーの悪さ”よりも理解度が有意に高く（すべて両側検定，$ps<.05$），また，“敬語不使用”は“地べた座り”，“若者ことば”および“社会的マナーの悪さ”よりも理解度が高くなる傾向にあった（すべて両側検定，$ps<.10$）。

第4節　考　察

本章においては，若者特有の行動を若者観察者が具体的にどのようなものであると捉えているのか，また若者観察者の社会的アイデンティティのあり方によって，報告される若者特有の行動に違いが生じるものであるのか明確化を試みた。加えて，報告された若者特有の行動がその行動の主体である若者に固有の心理機制によって生起するものであるか示唆を得るため，報告された若者特有の行動を若者観察者が実際どの程度行い，またどの程度許容できるのか検討が行われた。その結果，若者観察者の社会的アイデンティティのあり方によって，報告された行動，行動当てはまり度および行動理解度にさまざまな相違が生じる可能性が示された。以下においては，上記の結果を踏まえ各々の指標に関して論議する。

年齢層，職業および婚姻状況別による若者の想定年齢カテゴリ別報告数

年齢，職業および婚姻状況といった社会的カテゴリの相違に拘らず，一様に，“若者”の年齢をおおよそ中学生から大学卒業後の20歳代までと捉える傾向がみられた。このことは，中学生から20歳代という種々雑多な年齢層にある人びとにあっても，そこに何らかの共通する要素（たとえば，類似した行動様式や態度）が認められた結果であると考えることもできるであろう。

年齢層，職業および婚姻状況別による行動報告数

行動報告数について年齢層別にみると，若年層において行動報告数は有意に多かった。このことは，若年層にあたる報告者の平均年齢が27.74歳と比較的若く，まさに上記で報告された若者想定年齢内の人びとであったことから，彼ら自身が若者そのものであり，若者特有の行動を問われた場合も自分自身の行動を振り返ってみるだけでもよかったからだといえよう。したがって高年齢層よりもそのような行動を容易に報告できたのではないかと考えられる。

婚姻状況別にみると，未婚者において行動報告数は有意に多かったが，このことは年齢層別の場合と同様の考察が可能であろう。すなわち，一般的に未婚者は既婚者に比べて年齢が若く，若年層の場合と同様に自分自身を振り返ることで若者特有の行動を比較的容易にイメージすることができたのではないかと考えられる。

職業別では，教員が他の職業群に比べて行動報告数は有意に少なく，心理・福祉職では有意に多かった。このことは，本章における調査対象であった教員が，“若者”である生徒（中学生）に対し教師という教え導く立場からその役割に基づき接しているという特殊な状況にあったことが考えられる。すなわち，そのような若者の多様な行動を日常的に目の当たりにしつつも，その行動そのものが教師にとっては業務上の評価対象となり得るために，教師にとってのそのような行動は単に観察されたり無批判的理解がなされたりするだけではなく，常に評価判断が下される対象であったと考えることができる。そのために，若者特有の行動を問われた際，教員はそれらを客観的・無批判的に振り返ってみることにかえって困難を感じ，そのことが報告数に反映したとも考えられる。

一方，心理・福祉職については，たとえばスクールカウンセラーなどとして日常的に“若者”に接している状況を想定することができる。このような心理・福祉職には，たとえば，若者の行動を即時に評価対象として捉えようとするのではなく，むしろそれらを客観的に把握・理解しようと努める職業的態度(e.g., Kirschenbaum & Henderson, 1989) があるという。そのため，この職業的態度が客観的な報告を容易にしたとも考えられる。

行動関連事項に関する内容分析

内容分析の結果，高頻度行動形態として，“地べた座り”，“若者ことば”，“流行に敏感・おしゃれ”，“社会的マナーの悪さ”，“携帯使用” および “敬語不使用” の6カテゴリが想定された。この結果は，前章の岡田(2007)や海野(2002)などの指摘ともおおよそ一貫するものであり，予想に即した結果であったといえよう。

高頻度行動形態報告者の各社会的アイデンティティ関連事項記述有無への該当者数

高頻度行動形態の中の，“流行に敏感・おしゃれ” 報告者に関してSIRIごとにみると，性格・能力記述あり群において “流行に敏感・おしゃれ” 報告が有意に多く，“携帯使用” 報告者に関しては，所属団体記述あり群および出身地記述あり群において “携帯使用” 報告が有意に多いかその傾向にあった。

まず，“流行に敏感・おしゃれ” に関してみる。性格・能力に関連する記述とは，自己に対する自他からの評価のことであったため，そのような評価に関して言及を行った者（すなわち，そのような評価に関してより敏感であると考えられた者）は流行やおしゃれといった他者からもっとも端的な形での評価（たとえば，“かっこいい” とか “ださい” など）が与えられやすい，自己に特徴的な視点から，若者の行動に注目しがちであった可能性が考えられる。

次に “携帯使用” に関してみる。この場合，所属団体や出身地といった空間的に規定された属性についての報告と関連性がみられたが，このように自己を所属団体や出身地といった空間的属性において定義する傾向のある者は，携帯電話という空間的コミュニケーション手段を用いた行動に注目しがちであった可能性が考えられる。空間的であるという要素を介して，この両者に何らかの親和性があるのではないかと推測できる。

年齢層別行動当てはまり度および理解度

行動当てはまり度について年齢層別にみると，若年層において当てはまり度は有意に高かった。また，行動理解度については年齢による有意な差はみられなかった。すなわち，若者特有の行動を自らも実行する傾向は，比較的若い世代において顕著であったが，そうした行動に対する一定の理解はいずれの年代においても示されているようであった。比較的若い世代では，若者特有の行動に当てはまるような行動をとることはむしろ当然であると考えられるが，そうした行動をどの程度許容（理解）できるかについては，若年層のみならず高年齢層でも一定の許容が示されていた。このことから上記の結果は，若者特有の行動であっても，ある状況においてはそれらが年齢を問わずに生起する可能性を示唆しているのではないかと考えられよう。このことは，一見したところ理解への困難が伴う若者に特有といわれるような行動ではあるが，それらの生起には必ずしも若者固有の心理機制を必要とはせず，異なった発達段階に共通して存在している心理機制によって引き起こされている可能性を示唆してはいないだろうか。もしも示唆の通りであるとすれば，上記の結果は前章で提案した枠組みに基づく若者行動の理解が妥当であることの証左となろう。

職業別行動当てはまり度および理解度

行動当てはまり度について職業別にみると，学生は心理・福祉職よりも当てはまり度が有意に高かった。また，行動理解度については，学生および心理・福祉職は公務員よりも理解度が有意に高かった。

まず，学生についてはまさに若者世代そのものであるといえることからも，当てはまり度および理解度がともに高いという結果は当然のことと考えられる。一方，心理・福祉職については，日常的に公私にわたりその職業的態度（Kirschenbaum & Henderson，1989）に基づいた行動を心がけざるを得ない状況下に置かれることが多いために，自ずと若者らしいいわば羽目を外した行動をとる機会を持ち難かったのではないかとも考えられる。しかし，心理・福祉職は，その職業的態度ゆえにいくらか羽目を外した行動であっても評価的な判断を下さず客観的に観察し許容に努めようとする機制が働いたため，学生同様に理解度が高かったのではないかと考えられる。公務員については，公僕としての公的価値観が優先したため，若者らしいいわば羽目を外した行動を許容することが困難であったのではないかと考えられる。

婚姻状況別行動当てはまり度および理解度

行動当てはまり度について婚姻状況別にみると，未婚者において当てはまり度は高くなる傾向にあった。また，行動理解度については，婚姻状況による有意な差はみられなかった。

この結果は，年齢層別での検討結果とおおよそ一貫したものであったといえる。一般的に未婚者は既婚者よりも若年であることが多いことから，より若年である未婚者は既婚者よりも若者特有の行動に当てはまるような行動をとりがちと考えられる。しかし，そのような行動に対する理解の面では，婚姻状況に拘らず一定の許容が示されていた。したがって，ここでも年齢層別での検討の場合とほぼ同様の解釈が可能となる。すなわち，ある一定の条件の下においては，若者特有の行動が若者以外の世代においても生起し得るのではないかと推測できる。

高頻度行動形態の各行動当てはまり度および理解度

高頻度行動形態における各行動の当てはまり度を比べてみたところ，有意な差はみられなかった。また，同様に各行動の理解度を比べてみると，"携帯使用"に対する理解度は，"地べた座り"，"若者ことば"および"社会的マナーの悪さ"よりも有意に高く，"敬語不使用"に対する理解度は，"地べた座り"，"若者ことば"および"社会的マナーの悪さ"よりも高くなる傾向にあった。すなわち，"携帯使用"および"敬語不使用"への寛容がみられる一方で，"地べた座り"，"若者ことば"および"社会的マナーの悪さ"に対する許容は得られにくいものと考えられた。

以上のことは，たとえば"携帯使用"や"敬語不使用"に関していえば，これらはもはや若者に限った行動形態ではなく世代を越えたより多くの人びとに当てはまる現象と捉える方がむしろ自然であることを意味しているのかもしれない。一方，"地べた座り"や"若者ことば"，横に一列になって歩くなどの"社会的マナーの悪さ"に関していえば，今のところはまだ若い世代に限定された行動であり，より幅広い世代において観察され得ない現象であるために，言い換えれば自らが日常的に実行している行動からは程遠いために，許容しがたかったと考えることもできる。しかしそうであるとすれば，上記各行動における当てはまり度にも当然差異が生じなければならないこととなり，この点において上記の結果は一部矛盾しているともいえる。今後この点に関し，理論のさらなる精緻化が求められよう。

本章においては，若者特有の行動を若者観察者が具体的にどのようなものであると捉えているのか，また若者観察者の社会的アイデンティティのあり方によって，報告される若者特有の行動に違いが生じるものであるのか明確化を試みた。加えて，報告された若者特有の行動がその行動の主体である若者に固有の心理機制によって生起するものであるか示唆を得るため，報告された若者特有の行動を若者観察者が実際どの程度行い，またどの程度許容できるのかを検討してきた。その結果，若者観察者の社会的アイデンティティのあり方によって，報告される若者特有の行動に質的相違が生じることが示された。さらに，若者特有の行動を自ら行う傾向は，比較的若い世代において顕著であったが，そうした行動に対する一定の許容はいずれの年代においても示されているようであった。このことは，若者特有の行動であっても，それが異なった発達段階に共通して存在している心理機制によって引き起こされたものである可能性を示唆しており，前章で提案した枠組みに従って若者行動の生起を理解していくことが妥当であることの証左といえよう。

これらの結果は，前章で提案した枠組みに従った若者特有の行動の生起に対する理解に向け，さらなる検討を加えていく上での貴重な基礎資料となった。しかしながら，本章では，各社会的アイデンティティ関連事項に関する記述と人口統計学的変数との関連性がうまく見出せていないため，若者特有の行動に対する諸評価が社会的アイデンティティとどのように相互関連しているのかは明らかになっていない。また，若者特有の行動に対する許容が示されたことをもって，当該行動の生起可能性を示唆するものであると即座に判断できるのか疑問が残った。したがって，これらの点に関してはさらなる検討が望まれるところである。

よって次章においては，上記の課題を踏まえつつ調査対象を実際の若者に移し，若者特有の行動の生起に対する理解をより直接的に得ていくための検討が必要となる。

引用文献

Billig, M., & Tajfel, H. (1973). Social categorization and similarity in intergroup behavior. *European Journal of Social Psychology*, **3**, 27-52.

Hogg, M. A. (1992). *The social Psychology of group cohesiveness : From attraction to social identity*. Herts : Harvester Wheatsheaf.
(廣田君美・藤澤等（監訳）(1994). 集団凝集性の社会心理学　北大路書房)

Hogg, M. A. (2006). Self-conceptual uncertainty and the lure of belonging. In R.Brown & D. Capozza (Eds.), *Social identities*. Hove and New York : Psychology Press. pp. 33–49.

Hogg, M. A., & Abrams, D. (1990). Social motivation, self-esteem and social identity. In D. Abrams & M. A. Hogg (Eds.), *Social identity theory : Constructive and critical advances*. Hemel Hempstead : Harvester Wheatsheaf. pp. 28–47.

Kirschenbaum, H., & Henderson, V. L. (Eds.). (1989). *The Carl Rogers reader*. New York : Sterling Lord Literistic Inc.
(伊東博・村山正治（監訳）(2001). ロジャーズ選集（上・下）―カウンセラーなら一度は読んでおきたい厳選33論文　誠信書房)

永田良昭（2000). 血液型性格関連説など通俗的人間観への関心の社会心理的要因　心理学研究，**71**，361–369.

永田良昭（2003). 人の社会性とは何か　ミネルヴァ書房

岡田努（2007). 現代青年の心理学―若者の心の虚像と実像　世界思想社

Turner, J. C. (1987). *Rediscovering the social group : A self-categorization theory*. Oxford : Blackwell.

海野祥子（2002). 現代の中高生はとっても大変！　青少年問題，**49**(3)，10–16.

注

4）本章は，「大和田智文（2006). 若者観察者の社会的アイデンティティにみる若者行動理解の諸相に関する検討　専修総合科学研究，**14**，201–228.」として公刊された。

第３章　若者特有の行動に関する実態把握
—若者の視点から—[5)]

第１節　問題と目的

本章においては，前章での結果と検討課題を踏まえ，若者自身，すなわち若者カテゴリに該当するような世代の視点から若者特有の行動の実態を明らかにしていくために，調査対象を若者カテゴリに該当するような世代に移して検討を行うこととする。

前章における検討の結果，若者観察者によって報告される“若者”のイメージとは，中学生くらいの10歳代前半から大学生などを中心とした20歳代までの広範囲に及ぶものであることが分かっていた。そこで次節以降においては，前章で示された“若者”を対象とし，若者特有の行動を若者自身が実際にはどのようなものとして捉えているのかを探索的に明らかにしていく。次に，ここで報告された若者特有の行動は，若者がいかなる社会的アイデンティティを有することにより誘発されやすくなるかといった点に関する示唆を得るため，若者の社会的アイデンティティのあり方と報告された若者特有の行動との関連性を検討する。さらに，報告された若者特有の行動をその行動の主体である若者が実際どの程度行い，またどの程度許容できるのかを検討する。また，人口統計学的変数によって“若者”の想定年齢や若者特有の行動の報告数に違いがみられるかについても言及する。なお，具体的な方法に関しては前章と同様とする。

したがって本章では，若者自身の社会的アイデンティティおよび自己カテゴリ化の視点から上記諸点についての明確化を試みることを目的とする。

第2節　方　法

調査対象

東京都および埼玉県内の私立大学学部生（2年次生および3年次生，157名）および神奈川県内の専門学校生（介護福祉専攻2年次生，65名）計222名を対象に質問紙調査を実施した。

質問紙構成

（1）**質問1**　前章の質問1と同様，A4サイズの用紙1枚に描かれた枠内に自己紹介文の記述を求めた。

（2）**質問2－1**　前章の質問2－1と同様，“今の若者”と聞いて思い浮かべる特徴的な行動にはどのようなものがあるか自由記述にて回答を求めた。またそのような行動をどのように評価しているかについても，自由記述により回答を求めた。ただし，本調査では10個以内にて回答を求めていた。ここでは，全調査対象者から得られた回答数（行動の数）を“行動報告数”，回答の質的内容を“行動関連事項”とする。

（3）**質問2－2**　前章の質問2－2と同様，質問2－1で報告された行動を調査協力者自身も行うかを，“1（全くあてはまらない）”から“7（とてもあてはまる）”の7段階で評定させた。

（4）**質問2－3**　前章の質問2－3と同様，質問2－1で報告された行動を調査協力者自身も行うか否かは別として少なくとも許容はできるかを，“1（全く理解できない）”から“7（とても理解できる）”の7段階で評定させた。

（5）**質問3**　前章の質問3と同様，質問2－1において若者をどのような年齢層の人びととしてイメージしたか自由記述にて回答を求めた。ここでは，全調査対象者から得た回答を，回答された（イメージされた）年齢層ごとに分類し，それぞれの分類における回答数を“若者の想定年齢カテゴリ別報告数”とする。

（6）人口統計学的変数として，年齢，性別，職業（“学生の場合は‘大学生’などと記入”と注を記載）および配偶者の有無について回答を求めた。

調査期間

2005年5月下旬から2005年8月上旬であった。

有効回答

調査対象者222名のうち83名より回答を得たが，このうち回答に不備のあった４名を除外した結果，有効回答者は79名となり，有効回答率は35.6%であった。また，有効回答者のうちの４名については，前章において示された“若者”世代には該当しない年齢であると判断したため，本章の目的に照らし分析対象から除外した。その結果，分析対象者は75名，対象者の平均年齢は20.08歳（16歳から29歳まで，$SD=2.19$）であった。

社会的アイデンティティの指標

前章と同様永田（2000）に基づき，質問１より得た記述内容をもって社会的アイデンティティの指標とする。

第3節　結　果

本章における分析対象者は，男性33名，女性42名，大学学部生16名，専門学校生59名であった。

性別および大学学部生・専門学校生別（以下，“所属別”と記載）に報告者（分析対象者）数を検証した結果，所属ごとの報告者数に有意な差がみられた（両側検定，直接確率，$p<.001$）。

性別および所属別による若者の想定年齢カテゴリ別報告数

性別および所属別に若者の想定年齢カテゴリ別報告数を求め，結果を表15および表16に示した。

質問３における報告より，“若者”と想定される年齢は小学生に当てはまる年代から30歳代前半までと非常に広範囲であったが，小学生および30歳代は報告数が極めて少なかったため，年齢層を“中学生以下”，“高校生”，“大学生”および“大学生以降”の４つのカテゴリに分類した。その際，たとえば“12歳～18歳”などの報告については，“中学生以下”および“高校生”の２つのカテゴリに当てはまるものと判断し，それぞれをひとつの度数として処理した。同様に，“～大学生”，“10代”，“中学２年～大学１年生”，“高校生前後”などの報告については，“中学生以下”，“高校生”および“大学生”の３つのカテゴリに，“11歳から24歳まで”，“中学生～29歳”，“25歳以下”，“中学生～社会

表15　性別による若者の想定年齢カテゴリ別報告数と行動報告数（実数）

指標＼性別	男性（n＝33）	女性（n＝42）
中学生以下	20	17
高校生	31	41
大学生	27	37
大学生以降	8	17
行動報告数	146	168
行動報告数の平均	4.42	4.00

表16　所属別による若者の想定年齢カテゴリ別報告数と行動報告数（実数）

指標＼所属	大学学部生（n＝16）	専門学校生（n＝59）
中学生以下	9	28
高校生	15	57
大学生	14	50
大学生以降	6	19
行動報告数	64	250
行動報告数の平均	4.00	4.24

人”，“10代～20代”などの報告については，“中学生以下”，“高校生”，“大学生”および“大学生以降”の４つのカテゴリに，“15～23”，“16～34歳”などの報告については，“高校生”，“大学生”および“大学生以降”の３つのカテゴリに，“高校生から20未満”，“10代後半”などの報告については，“高校生”および“大学生”の２つのカテゴリに，“21歳から22歳くらいのフリーター”，“18～21”などの報告については，“大学生”単一のカテゴリに，“15～18歳”などの報告については，“高校生”単一のカテゴリにそれぞれ当てはまるものと判断した。したがって，ここでは報告数と報告者数は一致していない。

性別および大学学部生，専門学校生ごとに，若者の想定年齢カテゴリ別報告数を検証した結果，専門学校生において“中学生以下”および“大学生以降”は“高校生”および“大学生”よりも有意に少なかった（$\chi^2(3)=25.07$，$p<.01$）。また，性別および大学学部生においては，有意な差はみられなかった（$\chi^2(3)=3.07$，$p>.10$；$\chi^2(3)=4.91$，$p>.10$）。なお，所属に関しては，既述の通り大学学部生と専門学校生とでサンプル数に偏りがみられたため，これらを別個として分析を行った。

性別および所属別による行動報告数

性別および所属別に行動報告数を求め，結果を表15および表16に示した。行動報告数を求めるにあたって，75名の報告者により質問2－1で報告された行動関連事項全335項目につき，2名の評定者により内容分析が行われた。その際，“マナーが悪い”，“態度が大きい”，“人のせいにする”など曖昧な表現を用いたり具体性を欠いた項目など21項目を分析対象から除外したため，最終的に行動報告数は314項目となった。報告者が記述した行動につき，それぞれをひとつの度数として処理したため，ここでも報告数と報告者数は一致していない。

性別および所属別に，行動報告数を検証した結果，ともに有意な差はみられなかった（片側検定，直接確率，$ps > .10$）。

ここまでの結果より，性別による差は認められなかったため，以下においては男女を込みとして分析を行う。

行動関連事項に関する内容分析

上に述べた通り，75名の報告者により報告された行動関連事項全335項目につき，2名の評定者により内容分析が行われた。その際，“マナーが悪い”，“態度が大きい”，“人のせいにする”など曖昧な表現を用いたり具体性を欠いた項目など21項目を分析対象から除外し，残りの314項目につき内容の類似性に基づいて分類を行った。その結果，最終的にひとつのカテゴリが3項目以上になるよう25カテゴリ計240項目に分類された。

分類の結果，27項目の行動関連事項により構成されたカテゴリは，“ことば使いの悪さ”であった。以下同様に，25項目は“敬語不使用，目上に対する非礼”，17項目は“地べた座り”，“すぐキレる”および“電車内での携帯等迷惑行為”，13項目は“大声で話す・騒ぐ”，12項目は“自分本位な行動”，11項目は“携帯依存”，10項目は“集団での行動”および“ゴミ・タバコのポイ捨て”，9項目は“金品を大切にしない”，8項目は“流行に敏感・おしゃれ”および“社会的マナーの悪さ”，7項目は“挨拶できない”，6項目は“電車内でのメーク”，“ズボンを下げて穿く”および“席を譲らない”，5項目は“忍耐力がない”および“不規則・不健康な生活”，4項目は“善悪の区別がない”，“無気力”および“タバコのマナーの悪さ”，3項目は“ひきこもり”，“人の話を聞かない”

および“心を傷つける言動”であった。2名の評定者は，評定者間の一致率が100%となるまで内容分析を行った。

各社会的アイデンティティ関連事項の記述有無

質問1で報告された自己紹介文における記述内容に，以下の各カテゴリ（社会的アイデンティティ関連事項）に関する言及がみられるかを検証し，その結果を個々における社会的アイデンティティの指標と捉えた。

前章では永田（2000）に従い，以下に数字を付して示した11個の各カテゴリの他にも，“性別”，“未婚”，“学歴・出身校”，“職業なし”，“私的な人間関係”，“(収入を伴わない）仕事”，“家族の職業”および“家族の学歴”の8個のカテゴリを設けて検証を行ったが，上記のうち前半の5カテゴリに関して言及した者は，それぞれ1名，1名，3名，2名，3名と少数であり，また，後半の3カテゴリに関して言及した者はみられなかったため，前章においてはこれら8カテゴリは用いず，他の11カテゴリにつき検証を試みることによって社会的アイデンティティの指標を導出していた。

本章においても，前章で最終的な分類項とされた11カテゴリを用いて社会的アイデンティティ指標の導出を試みた。その際，本章においては既婚者が1名であったのと，既述の通り報告者の年齢が前章の場合と比べ相対的に若かったため，11カテゴリのうちの“既婚”は“恋人”に置き換え検証を行ったが，当該カテゴリに関し言及した者は2名と少数であったことより，結局“恋人”カテゴリは不採用となった。また，分析過程において，“星座・血液型”，“サークル”に関する記述もみられたため，これら2つのカテゴリを新たに加え，最終的には以下に示した12の各カテゴリにつき検証を試みることによって社会的アイデンティティの指標を導出した。

なお，本章においても前章と同様各カテゴリに関する記述頻度は考慮されていない。

【1．氏名】：実名やニックネームへの言及についてのカテゴリであった。“△△です”などの記述も含む。また，以下すべてのカテゴリにおいて，具体的な自己紹介内容には言及せずとも，“名前を言います”などの記述がなされていれば“記述あり”とした。

【2．年齢】：実年齢などへの言及についてのカテゴリであった。生年月日や誕

生日などの記述も含む。

【3．星座・血液型】：星座および血液型に関する言及についてのカテゴリであった。

【4．家族】：親子やきょうだいなど配偶者以外の家族に関する言及についてのカテゴリであった。“犬が2匹います”など，単にペットの存在に関してのみ言及したものも含む。

【5．職業あり】：現在収入があると思われる仕事に関する言及についてのカテゴリであった。“バイト三昧で”など。単に“専門学生です”などとした場合も記述ありとみた。

【6．サークル】：学内サークルへの所属に関する言及についてのカテゴリであった。“陸上部に入っていました”などの記述も含む。

【7．所属団体】：企業，官公庁，学校，各種団体などへの所属に関する言及についてのカテゴリであった。“介護福祉の専門学校に通っています”など所属や属性が明らかな場合は記述ありとみた。“学校は○○にあり”などの記述も含む。単に“学生です”などとした場合は，“職業あり”への記述とみた。

【8．居住地】：現在の居住地に関する言及についてのカテゴリであった。“大学の近くで一人暮らしをしています”，“家は海に近く”，“（居住地は）木に囲まれてのどかなところ”などの記述も含む。

【9．出身地】：出身地に関する言及についてのカテゴリであった。

【10a．私的な価値観】：私的な欲求，価値観，趣味などに関する言及についてのカテゴリであった。“青春街道まっしぐらって感じ”，“東京で一人暮らしをすることを夢みています”，“色々なスポーツをやってきました”など。

【10b．公的な価値観】：他者との関係性に基づく欲求，価値観などに関する言及についてのカテゴリであった。“福祉や心理の勉強をしています”，“介護福祉士を目指しています”など。

【11．性格，能力】：自己に対する自他からの評価，長所・短所などへの言及についてのカテゴリであった。“音楽が好きです”，“特技は水泳です”，“走りは速かったと思います”，“性格は明るいです”，“よく優しい人間だと言われます”など。身長や体重に関する記述も含む。

なお，前章における本手続きは2名の評定者によって行われ，評定者間において86.2%という高い一致率が確認されていた。そのため，本章においては複数の評定者をおかずに調査者（筆者）が単独にて評定を行った。

高頻度行動形態報告者の各社会的アイデンティティ関連事項記述有無への該当者数

既述の行動関連事項に関する内容分析の結果を踏まえ，行動関連事項240項目につき，行動の報告頻度別に高・低頻度行動形態群に分類した。その際，各群における総項目数が均等になるよう配慮をした結果，高頻度行動形態群は1カテゴリが13項目から27項目で構成されるカテゴリ群（計116項目），低頻度行動形態群は1カテゴリが3項目から12項目で構成されるカテゴリ群（計124項目）となった。ここから，高頻度行動形態を“ことば使いの悪さ”，“敬語不使用，目上に対する非礼”，“地べた座り”，“すぐキレる”，“電車内での携帯等迷惑行為”および“大声で話す・騒ぐ”の6カテゴリと想定することとした。

これら6つの高頻度行動形態を報告した者のうち，上記の各社会的アイデンティティ関連事項（以下，“SIRI”と記載）の記述有無への該当者数を表17から表22に示した。このうち，“ことば使いの悪さ”報告者に関してSIRIごとにみると，私的な価値観および性格・能力記述なし群において“ことば使いの悪さ”報告が有意に多く（片側検定，直接確率，$ps<.05$），“敬語不使用，目上に対する非礼”報告者に関しては，私的な価値観記述あり群において“敬語不

表17　“ことば使いの悪さ”報告者のSIRI記述有無への該当者数（実数(%)）

SIRI＼記述の有無	記述あり			記述なし		
	(報告者＝26，報告数＝27)		各カテゴリ総記述者数	(報告者＝26，報告数＝27)		各カテゴリ無記述者数
氏名	25	96.2%	72	1	3.8%	3
年齢	9	34.6%	30	17	65.4%	45
星座・血液型	2	7.7%	4	24	92.3%	71
家族	3	11.5%	8	23	88.5%	67
職業(バイト等)	2	7.7%	9	24	92.3%	66
サークル等	1	3.8%	4	25	96.2%	71
所属団体	15	57.7%	36	11	42.3%	39
居住地	11	42.3%	31	15	57.7%	44
出身地	6	23.1%	16	20	76.9%	59
私的な価値観	5	19.2%	28	21	80.8%	47
公的な価値観	2	7.7%	8	24	92.3%	67
性格・能力	5	19.2%	28	21	80.8%	47

表18　“敬語不使用，目上に対する非礼”報告者のSIRI記述有無への該当者数(実数(%))

SIRI＼記述の有無	記述あり			記述なし		
	(報告者＝25，報告数＝25)		各カテゴリ総記述者数	(報告者＝25，報告数＝25)		各カテゴリ無記述者数
氏名	24	96.0%	72	1	4.0%	3
年齢	9	36.0%	30	16	64.0%	45
星座・血液型	1	4.0%	4	24	96.0%	71
家族	2	8.0%	8	23	92.0%	67
職業(バイト等)	4	16.0%	9	21	84.0%	66
サークル等	1	4.0%	4	24	96.0%	71
所属団体	11	44.0%	36	14	56.0%	39
居住地	13	52.0%	31	12	48.0%	44
出身地	5	20.0%	16	20	80.0%	59
私的な価値観	13	52.0%	28	12	48.0%	47
公的な価値観	2	8.0%	8	23	92.0%	67
性格・能力	10	40.0%	28	15	60.0%	47

表19　“地べた座り”報告者のSIRI記述有無への該当者数（実数（%））

SIRI＼記述の有無	記述あり			記述なし		
	(報告者＝17，報告数＝17)		各カテゴリ総記述者数	(報告者＝17，報告数＝17)		各カテゴリ無記述者数
氏名	16	94.1%	72	1	5.9%	3
年齢	7	41.2%	30	10	58.8%	45
星座・血液型	1	5.9%	4	16	94.1%	71
家族	1	5.9%	8	16	94.1%	67
職業(バイト等)	2	11.8%	9	15	88.2%	66
サークル等	3	17.6%	4	14	82.4%	71
所属団体	9	52.9%	36	8	47.1%	39
居住地	6	35.3%	31	11	64.7%	44
出身地	4	23.5%	16	13	76.5%	59
私的な価値観	5	29.4%	28	12	70.6%	47
公的な価値観	0	0.0%	8	17	100.0%	67
性格・能力	5	29.4%	28	12	70.6%	47

表20 “すぐキレる”報告者のSIRI記述有無への該当者数（実数（%））

SIRI＼記述の有無	記述あり			記述なし		
	（報告者＝15，報告数＝17）		各カテゴリ総記述者数	（報告者＝15，報告数＝17）		各カテゴリ無記述者数
氏名	15	100.0%	72	0	0.0%	3
年齢	7	46.7%	30	8	53.3%	45
星座・血液型	3	20.0%	4	12	80.0%	71
家族	1	6.7%	8	14	93.3%	67
職業(バイト等)	3	20.0%	9	12	80.0%	66
サークル等	2	13.3%	4	13	86.7%	71
所属団体	8	53.3%	36	7	46.7%	39
居住地	7	46.7%	31	8	53.3%	44
出身地	1	6.7%	16	14	93.3%	59
私的な価値観	6	40.0%	28	9	60.0%	47
公的な価値観	2	13.3%	8	13	86.7%	67
性格・能力	6	40.0%	28	9	60.0%	47

表21 “電車内での携帯等迷惑行為”報告者のSIRI記述有無への該当者数（実数（%））

SIRI＼記述の有無	記述あり			記述なし		
	（報告者＝16，報告数＝17）		各カテゴリ総記述者数	（報告者＝16，報告数＝17）		各カテゴリ無記述者数
氏名	16	100.0%	72	0	0.0%	3
年齢	5	31.3%	30	11	68.7%	45
星座・血液型	1	6.3%	4	15	93.7%	71
家族	2	12.5%	8	14	87.5%	67
職業(バイト等)	4	25.0%	9	12	75.0%	66
サークル等	2	12.5%	4	14	87.5%	71
所属団体	9	56.3%	36	7	43.7%	39
居住地	7	43.8%	31	9	56.2%	44
出身地	2	12.5%	16	14	87.5%	59
私的な価値観	6	37.5%	28	10	62.5%	47
公的な価値観	1	6.3%	8	15	93.7%	67
性格・能力	4	25.0%	28	12	75.0%	47

表22　“大声で話す・騒ぐ”報告者のSIRI記述有無への該当者数（実数(%)）

SIRI＼記述の有無	記述あり			記述なし		
	（報告者＝13，報告数＝13）		各カテゴリ総記述者数	（報告者＝13，報告数＝13）		各カテゴリ無記述者数
氏名	11	84.6%	72	2	15.4%	3
年齢	7	53.8%	30	6	46.2%	45
星座・血液型	2	15.4%	4	11	84.6%	71
家族	2	15.4%	8	11	84.6%	67
職業(バイト等)	2	15.4%	9	11	84.6%	66
サークル等	0	0.0%	4	13	100.0%	71
所属団体	4	30.8%	36	9	69.2%	39
居住地	6	46.2%	31	7	53.8%	44
出身地	4	30.8%	16	9	69.2%	59
私的な価値観	6	46.2%	28	7	53.8%	47
公的な価値観	1	7.7%	8	12	92.3%	67
性格・能力	4	30.8%	28	9	69.2%	47

使用，目上に対する非礼”報告が有意に多い傾向にあった（片側検定，直接確率，$p<.10$）。また，“地べた座り”報告者に関しては，サークル等記述あり群において“地べた座り”報告が有意に多い傾向を示し（片側検定，直接確率，$p<.10$），“すぐキレる”報告者に関しては，星座・血液型記述あり群において“すぐキレる”報告が有意に多く（片側検定，直接確率，$p<.05$），“大声で話す・騒ぐ”報告者に関しては，氏名記述なし群において“大声で話す・騒ぐ”報告が有意に多い傾向を示した（片側検定，直接確率，$p<.10$）。その他に関しては，有意な差はみられなかった（片側検定，直接確率，$ps>.10$）。

高頻度行動形態の各行動当てはまり度

上で報告した高頻度行動形態の，各行動に対する“当てはまり度”（質問2－2における報告より導出）の平均値を算出し，表23に示した。前章と同様に行動形態を要因としてKruskal-WallisのH検定を行ったところ，当てはまり度に有意な差がみられた（$\chi^2(5)=12.89$，$p<.05$）。そこで，下位検定としてMann-WhitneyのU検定を行ったところ，“ことば使いの悪さ”は“地べた座り”，“大声で話す・騒ぐ”および“電車内での携帯等迷惑行為”よりも当てはまり度が有意に高いかその傾向にあった（すべて両側検定，$p<.01$；$p<.05$；$p<.10$）。また，“敬語不使用，目上に対する非礼”は“地べた座り”および“大声で話す・騒ぐ”よりも当てはまり度が有意に高いかその傾向にあった（す

表23　高頻度行動形態の各行動関連得点の平均値（SD）

各得点＼行動形態	“ことば使い”（報告数＝27）	“敬語不使用”（報告数＝25）	“地べた座り”（報告数＝17）	“すぐキレる”（報告数＝17）	“携帯使用”（報告数＝17）	“大声で話す”（報告数＝13）
行動当てはまり	3.96(1.91)	3.56(1.55)	2.18(1.34)	2.94(1.73)	3.00(1.85)	2.69(1.20)
行動理解	3.96(1.45)	3.80(1.67)	3.29(1.67)	3.24(1.90)	3.29(1.74)	3.23(0.89)

べて両側検定，$p<.01$；$p<.10$)。

高頻度行動形態の各行動理解度

同様に高頻度行動形態の各行動に対する“理解度”（質問２－３における報告より導出）の平均値を算出し，表23に示した。行動形態を要因としてKruskal-WallisのＨ検定を行った結果，理解度に有意な差はみられなかった（$\chi^2(5)=4.95$，$p>.10$）。

第４節　考　察

本章においては，“若者”を対象とし，若者特有の行動を若者自身が実際にはどのようなものとして捉えているのか，また報告された若者特有の行動は，若者がいかなる社会的アイデンティティを有することにより誘発されやすくなるのか検討した。さらに，報告された若者特有の行動をその行動の主体である若者が実際どの程度行い，またどの程度許容できるのか検討を加えた。その結果，主にことば使いに関する行動が若者に特有であると報告され，それが若者自身の実際の行動とも一致するものであることが示された。またこのような行動には，社会的アイデンティティの中でも私的な価値観や性格・能力といった要素との関連性がみられた。そこで，以下においては上記の結果を踏まえ議論を行う。

所属別による若者の想定年齢カテゴリ別報告数

前章においては，年齢，職業および婚姻状況といった社会的カテゴリの相違に拘らず，“若者”の年齢をおおよそ中学生から大学卒業後の20歳代までと捉える傾向がみられた。しかし，本章の結果をみると，専門学校生において“若者”を高校生や大学生に相当する比較的狭い年齢層の人びととして捉えていることが示されていた。このことは，専門学校生が年齢的に彼ら自身により近い世代のみを“若者”として捉える傾向にあることを示しているのかもしれない。言い換えれば，専門学校生にとっては彼ら自身が“若者”そのものであり，彼らの“若者”への同一視の程度が大学生の場合よりも強いことを示唆する結果であるともいえよう。

所属別による行動報告数

行動報告数については，所属別による有意な差はみられなかった。前章では，若年層において行動報告数が有意に多かった。このことは，若年層にあたる報告者の平均年齢が27.74歳と比較的若く，若者特有の行動を問われた場合も自身の行動を振り返ってみるだけでよかったために，高年齢層よりもそのような行動を容易に報告できたのではないかと考えられた。しかし，本章における報告者の年齢は既述の通り20.08歳と若く，また所属に関わりなく偏りも小さかった（$SD=2.19$，全報告者）ため，前章ではみられた相違が生じにくかったものと考えられる。

行動関連事項に関する内容分析

内容分析の結果，高頻度行動形態として，“ことば使いの悪さ”，“敬語不使用，目上に対する非礼”，“地べた座り”，“すぐキレる”，“電車内での携帯等迷惑行為”および“大声で話す・騒ぐ”の6カテゴリが想定された。この結果は，前章における結果ともおおよそ一貫するものであるが，本章においては“ことば使いの悪さ”，“敬語不使用，目上に対する非礼”，“大声で話す・騒ぐ”など，特にことば使いに関するよりネガティブな行動形態が高頻度となったことを特筆しておく。

高頻度行動形態報告者の各社会的アイデンティティ関連事項記述有無への該当者数

高頻度行動形態の中の，“ことば使いの悪さ”報告者に関してSIRIごとにみると，私的な価値観および性格・能力記述なし群において“ことば使いの悪さ”報告が有意に多く，“敬語不使用，目上に対する非礼”報告者に関しては，私的な価値観記述あり群において“敬語不使用，目上に対する非礼”報告が有意に多い傾向にあった。また，“地べた座り”報告者に関しては，サークル等記述あり群において“地べた座り”報告が有意に多い傾向を示し，“すぐキレる”報告者に関しては，星座・血液型記述あり群において“すぐキレる”報告が有意に多く，“大声で話す・騒ぐ”報告者に関しては，氏名記述なし群において“大声で話す・騒ぐ”報告が有意に多い傾向を示していた。

この中で，まず“ことば使いの悪さ”，“敬語不使用，目上に対する非礼”および“大声で話す・騒ぐ”に関してみる。これらは上にも示したように，ことば使いに関する行動形態と考えられるが，こうした行動形態が，いずれも，私的な価値観や性格・能力，氏名など個人の社会的アイデンティティの中でも特に自己の中核に関わると考えられる要素と関連して報告がなされている（あるいはなされていない）点が興味深いところである（ただし，“敬語不使用，目上に対する非礼”，“大声で話す・騒ぐ”については有意傾向であった）。このことは，言語に関わる諸行動の生起に，自己の中核をなす社会的アイデンティティが深く関与している可能性を示唆するものではないかと考えられる。

次に“地べた座り”に関してみる。この場合，サークルなどといった，客観的にまとまりを持った集団に関係するカテゴリの記述と弱いながらも関連して報告がなされていた。このことから，地べた座りなどいわゆる社会的迷惑行為の中のある種のものは，たとえばサークルなどのような狭い集団の中へ自身を同一視する結果誘発されやすくなる，といった過程を推測することができよう。

次に“すぐキレる”に関してみる。近年の若者のキレる行動や暴力的な行動に関して，たとえば清永（1999）や下斗米（2004），湯川（2002）は，加害者自身の自己存在感や対人関係の希薄さを指摘している。一方，本章において“すぐキレる”を報告した者は，たとえば科学的根拠が極めて希薄でその判断基準なども曖昧な星座占いや血液型性格判断などを連想させる星座・血液型を，自身にとって重要なものとして捉えていたようである。このことから，清永(1999)などの指摘と本章の結果との間には，希薄，曖昧といった特徴が共通点としてあることを確認できよう。

高頻度行動形態の各行動当てはまり度および理解度

高頻度行動形態における各行動の当てはまり度を比べてみたところ，“ことば使いの悪さ”に対する当てはまり度は，“地べた座り”および“大声で話す・騒ぐ”よりも有意に高く，“電車内での携帯等迷惑行為”よりも高くなる傾向にあった。また，“敬語不使用，目上に対する非礼”に対する当てはまり度は，“地べた座り”よりも有意に高く，“大声で話す・騒ぐ”よりも高くなる傾向にあった。すなわち，“ことば使いの悪さ”および“敬語不使用，目上に対する非礼”は，“地べた座り”，“大声で話す・騒ぐ”および“電車内での携帯等迷惑行為”などよりも若者が実際によく行う行動であったことが分かる。また，同様に各行動の理解度を比べてみたところ，こちらに関しては有意な差はみられなかった。本章では報告者の多くが専門学校生であった。既述のように専門学校生にとっては彼ら自身が“若者”そのものであり，彼らの“若者”への同一視の程度は比較的強いことが考えられた。そのため，行動面では，ある行動に対する当てはまり度が低い場合があったとしても，理解面では各行動への理解度が一様に高い水準で保たれたのではないかと推測できよう。

既述のように本章では，行動関連事項に関する内容分析や高頻度行動形態報告者の各社会的アイデンティティ関連事項記述有無への該当者数の結果をみても，ことば使いに関する行動形態が高頻度であり，かつそれらが個人の社会的アイデンティティの中でも特に自己の中核に関わると考えられる要素と関連しているようであった。加えて，そうした言語に関わる行動は，報告者である若者自身によって実際よく行われるものであることが確認された。これらの結果は，言語的な行動が，若者が自分らしく若者らしくあるために，言い換えれば，若者が若者カテゴリへと同化しそこに自分らしさを獲得していく上に重要な役割を果たす不可欠な行動であることを示唆するものではないだろうか。

本章においては，“若者”を対象とし，若者特有の行動を若者自身が具体的にどのようなものであると捉えているのか，またそこで報告された若者特有の行動は，若者がいかなる社会的アイデンティティと結びつくことで生起しやすくなるのか，加えて，そのような若者特有の行動を若者自身が実際どの程度行い，またどの程度許容できるのかを検討してきた。その結果，“ことば使いの悪さ”や“敬語不使用，目上に対する非礼”といったことば使いに関する行動が，若者特有のものとして多く報告された。また，このような行動には，若者の社会的アイデンティティの中でも特に私的な価値観や性格・能力といった要素との関連性がみられた。加えて，“ことば使いの悪さ”および“敬語不使用，目上に対する非礼”は若者自身の日頃の行動により一致するものであった。このことは，言語的な行動が，若者が若者カテゴリへと同化しその中で自分らしさを獲得し，社会的アイデンティティを確立していく上に重要な役割を果たすものであることを示唆しているものと考えられた。

以上の結果は，第１章で提案した枠組みに従って若者特有の行動の生起に対する理解を得ていく上で，若者が若者カテゴリへと同化する際言語的行動が重要になるのではないかという示唆が得られた点において有用な基礎資料となった。ただし，何点かの課題も残った。

１点目として，報告された若者特有の行動と社会的アイデンティティの質的内容との関連性をみることによって，当該行動がいかに誘発されやすくなるものかを確認することが本章の目的のひとつとして意図されていた。しかしながら，実際に社会的アイデンティティの質的内容との関連性によって確認されたものは，若者がどのような行動を若者特有のものとして“イメージ”したか，であった。したがって，ある種の社会的アイデンティティと関連性が認められた行動であっても，その社会的アイデンティティのあり方ゆえに当該行動が誘発されやすくなるという証拠は本章では得られていない。

２点目として，本章では，報告された若者特有の行動を若者自身が実際どの程度行い，またどの程度許容できるのかを問うことにより，実際の行動の生起が若者固有の心理機制と関連しているものであるか示唆を得ることを試みた。この点に関しては，行動と心理機制（本章では，この心理機制を理解度として捉えようと試みた）との関連性を多角的に捉えることには成功していない。

最後に，本章では前章との比較で，“ことば使いの悪さ”や“敬語不使用，目上に対する非礼”，“大声で話す・騒ぐ”など，特にことば使いに関するよりネガティブな行動形態が高頻度となった。若者自身に若者特有と考えられる行動を問うことは，彼ら自身を自ら振り返ってもらう作業に他ならないのであろう。しかし，そうであれば何ゆえネガティブな行動が多く報告される結果となったのであろうか。この点についてはさらなる検討の必要がある。

以上に述べた点についてはさらに理論を精緻化した上で，今後検討をしていく必要がある。

引用文献

清永賢二（1999）．現代少年非行の世界―空洞の世代の誕生―　清永賢二（編）少年非行の世界　有斐閣選書　pp. 1–35.

永田良昭（2000）．血液型性格関連説など通俗的人間観への関心の社会心理的要因　心理学研究，**71**，361-369．
下斗米淳（2004）．現代青年における対人ネットワークの拡張可能性について：準拠集団としての道具的機能評価からの検討　専修人文論集，**75**，87-116．
湯川進太郎（2002）．自己存在感と攻撃性―自己存在感の希薄さ尺度の信頼性と妥当性の検討―　カウンセリング研究，**35**，219-228．

注

5）本章は，「大和田智文（2007）．若者の社会的アイデンティティにみる若者行動理解の諸相に関する検討　文研論集，**49**，11-33．」として公刊された。

第4章　若者特有の行動の指標としての一人称の使用の様相，およびその機能的意味[6)]

第1節　若者特有の行動の再記述

本研究における目的は，若者特有の行動が，若者自身と彼らを取り巻く多くの人びと一般にとって了解可能な“若者行動の理解のための理論的枠組み”の提案と，若者特有の行動を捉えるための妥当な指標の検討，ならびにこの枠組みに従って若者特有の行動の生起を理解することが可能であることの実証的検討であった。したがって本研究は，上記の提案および検討を通して，なぜ若者は若者特有といわれるような行動をとるのかという第1章に示した問に対する解を示していこうとするものである。

この本研究の第1番目の目的を達成するため，第1章においては，社会的アイデンティティ理論および自己カテゴリ化理論を基礎理論とする理論的枠組みを“若者特有の行動を理解するための理論的枠組み”として提案することが相応しいものと結論づけた。この枠組みとはすなわち，①若者が，若者とは知覚しないようなカテゴリとの比較を通し，自らを若者カテゴリに位置づけていく過程が存在する。②この過程は，言い換えれば，若者がいわば“非若者カテゴリ”では用いられることがないような彼らに独自な行動をとることにより，彼らの所属するカテゴリと他のカテゴリとの間にある差異性を最大化させ，また同時に所属するカテゴリ成員間の差異性を最小化させながら彼らに特有のカテゴリへの同化（すなわち，“若者らしさ”の表現の獲得）を高めていく過程である。③そして，異なったカテゴリ間の差異性を最大化することによる自己高揚を通し，若者は肯定的な社会的アイデンティティの確立へと導かれるのではないかと予測できる（Billig & Tajfel, 1973；Hogg, 1992, 2006；Hogg & Abrams,

1990；Turner，1987)，というものであった。

“若者特有の行動を理解するための理論的枠組み”のために，社会的アイデンティティ理論および自己カテゴリ化理論を基礎理論とした理由は，これらの理論が個人の発達性を問題とせずに単に社会的カテゴリ性によってのみアイデンティティの獲得プロセスを説明可能とする点で，上記の第1番目の目的によく整合するものであると考えられたからであった。

続く第2章および第3章においては，若者特有の行動の実態はいったいどのようなものであり，また，そのような若者特有の行動が報告されるとき，それらは報告者の社会的アイデンティティとどのような関連がみられるものであるか，さらにそこで報告された若者特有の行動は，報告者自身にとってどの程度許容できるものであり，またどの程度自身の行動とも一致するものであるか，これらの3点を明らかにすることを目的として検討を行ってきた。第2章および第3章における結果を総合してみると，まず若者特有の行動としては，“ことば使いの悪さ”，“敬語不使用，目上に対する非礼（第2章における“敬語不使用”を含む)”，“若者ことば”，“流行に敏感・おしゃれ”，“地べた座り”，“すぐキレる”，“電車内での携帯等迷惑行為（第2章における“携帯使用”を含む)”，“大声で話す・騒ぐ”などが報告されていた。また，こうした行動の中でも，“ことば使いの悪さ”，“敬語不使用，目上に対する非礼”，“電車内での携帯等迷惑行為”，“大声で話す・騒ぐ”など，主に言語に関連した行動については，私的な価値観や性格・能力，所属団体，氏名，出身地といった，報告者のアイデンティティの中でもより自己の中核に近いと考えられる部分との関連性があることが示唆されていた（ただし，“敬語不使用，目上に対する非礼”，“大声で話す・騒ぐ”については有意傾向であった)。さらに，言語に関連した行動に限らず上にあげられた諸行動は，高年齢層よりも若年層（生活年齢的な意味での若年層，学生，未婚者）において行動的により一致するものであった（すなわち，日常生活の中で若年層の方が当該の行動を多く行っていた)。加えて，“敬語不使用，目上に対する非礼”や“電車内での携帯等迷惑行為”は全報告者を通して他の諸行動よりも許容されやすく（ただし，ここでの結果は第2章において明らかになったものである)，また“ことば使いの悪さ”は若者において行動的により一致するものであった（すなわち，若者は日常生活の中で当該の行動を他の行動よりも多く行っていた。ただし，ここでの結果は第3章において明らかになったものである)。

このことより，対人場面におけることばの使用や選択が，若者らしさの表現として彼ら自身にとって重要視されているのではないかと考えられはしないだろうか。

上述したように，本研究を通しての目的は，若者特有の行動を理解するための理論的枠組みの提案と，この枠組みに従って若者特有の行動の生起を理解することが可能か実証的に検討を行っていくことにあった。また，それと同時に，若者特有の行動を捉えるためにはどのような指標が妥当であるかを検討することも目的のひとつであった。

本研究の第2番目となる目的を達成するために，次節においては前章までの結果に基づき，なぜ若者は若者特有といわれるような行動をとるのかという問に対し接近を図るための具体的な方法を見出していくこととする。本節においては上記の問への接近を図るために，前章までで明らかとなっていた若者特有の行動を改めて記述しなおす作業を試みたところであった。次節においては，本節で記述されたような一見理解し難く思われる若者特有の行動を既述の枠組みに従って理解しようとするとき，この若者特有の行動をどのような指標によって捉えるのが妥当であるか検討していく。

第2節　若者特有の行動の指標としての一人称の使用

対人場面におけることばの使用や選択が，若者らしさの表現として彼ら自身にとって重要視されているのではないかと考えられたことについては，前節において述べた。それでは，対人場面でのことばの使用や選択に際して，若者も含む人びと一般は，自分らしさ[7)]（本研究でいう若者であれば若者らしさ）をいかなる種類のことばによって適切に表現し得るものであると考えられるだろうか。

この点に関し，たとえばCooley（1902）は，自己すなわち自分らしさとは，“I”，“my”，“me”，“mine”，“myself”といった一人称単数の代名詞によって指し示されるものであるとした。

日本語における一人称代名詞（以下，“一人称”と記載）に着目しても，そこにはいくつもの言い回しが存在し，人びとはそれらをその場の状況に応じて自在に使い分けていることは周知の通りである。

榎本（1998）によると，“私”，“僕”，“俺”，“お父さん”，“おじさん”など，日本語における一人称のさまざまな使い分けは，単なることばだけの問題ではなく，その都度自分らしさが変化することを意味するものであるという。たとえば，鈴木（1973）は，ある小学校の教師が“わたくし”，“ぼく”，“おれ”，“おじさん”，“おとうさん”，“先生”，“兄さん”と少なくとも7種の一人称を用いていたことを報告している。このことを鈴木（1973）は，“「自分は何物であるのか」ということが，「相手は誰か」に依存する構造で，「相手の立場からの自己規定，他者を介しての自己同一性の確立」”（三輪，2000，p. 65参照）であるとしている。

Cooley（1902）は，自己の他者や社会との不可分性を強調し，これを社会的自己とよんでいる。またJames（1892）は，人は関わりのある他者や集団の数だけ社会的自我があるとし，Kihlstrom & Cantor（1984）は，一人でいるときの自己と他者といるときの自己，知人と一緒にいるときの自己と見知らぬ人物と一緒にいるときの自己，家族と一緒にいるときの自己と友人と一緒にいるときの自己と仕事仲間と一緒にいるときの自己，配偶者と一緒にいるときの自己と母親と一緒にいるときの自己と父親と一緒にいるときの自己，などのような階層構造を成す自己の存在にふれている。

既述の榎本（1998）や鈴木（1973）の指摘は，Cooley（1902）やJames（1892），Kihlstrom & Cantor（1984）の述べるような自己の社会的次元[8)]に応じた変容可能性を一人称の変容を通して示したものであるため，ここから人びとの一人称の用い方と，Hogg（2006）などのいう社会的アイデンティティのあり方との不可分性を想定することができる。

以上より，若者も含む人びと一般の，一人称の使用による社会的次元に応じた自分らしさの表現を仮定することができるものと考える。

すなわち，ここまでの議論によって，既述の枠組みに従って若者特有の行動の生起を理解しようとする際，その行動指標として一人称の使用を用いることが適切であると仮定できるため，本研究の以下の章においてはこれを若者特有の行動の指標として扱うこととする。

既述の枠組みによると，若者は若者特有の行動をとることにより，彼らに特有のカテゴリへと同化をし，肯定的な社会的アイデンティティの確立へと導かれるのであった。したがって，この枠組みによって若者特有の行動の生起を理解しようとするためには，若者特有の行動が若者カテゴリへの同化（すなわち，“若者らしさ”の表現の獲得）や社会的アイデンティティの確立へと向かう上でどのような機能を持つものであるかをまず確認していく必要がある。

そこで次節以降においては，若者のある社会的次元における一人称の使用（ここでは，“一人称の使用の様相”とよぶ）と，この一人称の使用の様相にみる一人称の機能（意味づけ）についての検討が必要となる。この検討を通して，ある種の行動にみる意味づけの違いが，カテゴリへの同化のあり方を左右するものであるか示唆を得ていくこととする。

本節では，前章までの結果に基づき，なぜ若者は若者特有といわれるような行動をとるのかという問に対し接近を図るための具体的な方法を見出していくための検討を行った。前節においては，上記の問への接近を図るために，前章までで明らかとなっていた若者特有の行動を改めて記述しなおす作業を試みた。そして本節においては，前節で改めて記述された若者特有の行動を既述の枠組みに従って理解しようとするとき，この若者特有の行動をどのような指標によって捉えるのが妥当であるかを明らかにしてきた。

その結果，若者特有の行動を表す指標として，“一人称の使用”を用いることが妥当であると結論づけた。したがって，既述の枠組みに従うならば，若者のある社会的次元における一人称の使用の様相と，そこにみる各一人称にこめられた機能的意味についての検討を行うことが，若者特有の行動が若者カテゴリへの同化（すなわち，“若者らしさ”の表現の獲得）や社会的アイデンティティの確立へと向かう上でどのような機能を持つものであるかを明らかにしていくために必要となる。

以上の議論を踏まえ，次節以降においては，若者特有の行動を理解していくための端緒として，個々の若者における社会的次元に応じた一人称の使用の様相と，そこにみる各一人称にこめられた機能的意味について探索的に検討することを目的とする（すなわち，次節以降が本研究の第３番目の目的を達成していくためにあてられる)。そのことによって，個々の若者の一人称の使用の様相には，若者カテゴリへの同化に対して異なった影響を及ぼすほど機能的意味に違いがみられるものであるかを明確にし，若者特有の行動の生起について理解を深めていくこととする。なお，本研究では，一人称の使用の様相にみる一人称への意味づけの違いは，若者カテゴリへの同化に対して異なった影響を及ぼすものであると想定しているため，この一人称への意味づけはまた，個々の若者をそれぞれに異なった若者カテゴリへの同化へと方向づけていくための機能を有するものであると考えられる。それゆえに本研究では，一人称の使用の様相にみる一人称への“意味づけ”のことを“機能的意味”として捉えることとする。

第3節　一人称の使用の様相およびその機能的意味に関する検討

本章では，個々の若者における社会的次元を若者の位置する社会的な集団と同義に捉える。その上でまず，個々の若者における社会的次元に応じた一人称の使用の様相を見出していくために，“‘学生生活を送る中で必要不可欠と想定される（社会的な）集団’×‘日頃主に用いる一人称’マトリックスに基づく一人称の使用状況”に関する複数の回答パターンを得，これを上記一人称の使用の様相として扱うこととする。その際，各一人称および各集団の操作に関する妥当性を確認しておく必要が生じる。この問題の解決のために，各一人称間および各集団間に存在するイメージの相違が，個々において了解されているかを確認することとする。具体的には，以下に示すような手順で検討する。

参加協力者

第1章において述べた通り，本研究では“若者”を社会的カテゴリのひとつとして捉えることを前提とする。したがって，本節における調査対象は，社会的カテゴリのひとつである若者カテゴリを適切に代表するような対象である必要がある。たとえば，大学生，短大生，専門学校生などは，わが国における社会的階層からみてもここでいう若者カテゴリに分類することが可能であると考えられる。そこで本節では，神奈川県内の私立大学学部生（心理学専攻1年次生）44名を対象[9]に，質問紙調査および面接を実施することとした。授業時間を利用し，質問紙調査および面接からなる一連のセッションへの参加協力を募り，最終的に男性19名，女性25名より協力を得ることができた。参加協力者（以下，“参加者”と記載）は，個別あるいは2名から4名の集団にてセッションに参加した。参加者の平均年齢は19.32歳（18歳から24歳まで，*SD*＝1.59）であった。

セッションの流れ

はじめに，質問紙への回答を求め，次いで回答された内容の一部につき面接を行った。1セッションに要した時間は，およそ45分から1時間であった。

質問紙構成

“集団×一人称マトリックス”に基づく一人称の使用状況（質問1） まず，個々の若者における社会的次元に応じた一人称の使用の様相を“‘集団×一人称マトリックス’に基づく一人称の使用状況”に関する回答パターンより導くため，以下のような質問を用いた。

2005年12月に行った予備調査結果に基づいた，学生生活を送る中で必要不可欠と想定される9個の社会的次元（以下，本節および次節においては“集団”と記載）群（“所属ゼミのメンバー”，“所属ボランティア団体のメンバー”，“所属サークル・県人会等のメンバー”，“同じクラスや同じ授業のメンバー”，“遊びや食事などをともにする仲間”，“高校・中学時代からの仲間，地元の仲間”，“バイト先・実習先のメンバー”，“趣味の仲間”および“家族”）と，大和田・下斗米（2006）において示された，若者が日頃主に用いる8個の一人称群（“ワタシ”，“アタシ”，“ウチ”，“オレ”，“ジブン”，“ボク”，“自分の名前等”および“その他”）[10)]の2軸を用いてマトリックス表を作成し，各集団において参加者自身が日頃使用する一人称について尋ねた。その際，該当する箇所にはすべて丸印を記入するよう求めた。

各一人称における一般的イメージの相違（質問2群） 次に，質問1における各一人称の操作に関する妥当性を確認するために，各一人称それぞれに存在する一般的イメージが個々において了解され，その一般的イメージが各一人称において異なっているかを，以下のような質問を用いて確認した。

(a) 形容詞対による評定（質問2－1）：質問1で提示された“その他”を除く7種の一人称それぞれに対する一般的イメージについて，10個の形容詞対

（“私的な—公的な”，“子どもっぽい—大人っぽい”，“粗野な—礼儀正しい”，“荒っぽい—丁寧な”，“うちとけた—よそよそしい”，“上品な—下品な”，“くだけた—あらたまった”，“まじめな—いいかげんな”，“カッコいい—カッコ悪い”および“主張の激しい—穏やかな”）を用いて，それぞれの形容詞対の尺度上にて７段階で評定させた（右側の形容詞にもっとも近い評定値が“７”であった）。

この形容詞対に用いた形容詞群は，以下の予備調査（2006年４月実施）における手続きを経て選定されていた。まず，質問１で提示された“その他”を除く７種の一人称につき，それぞれがどのような一般的イメージを有するものであるかを検討するために，各一人称のイメージを表す形容詞を，榎本（1998），三輪（2000，2005），新村（1983）より抽出した。次に，そこで抽出された形容詞を基に23個の形容詞対を作成した。そしてこの23個の形容詞対を用いて，上記７種の一人称に対する一般的イメージとはどのような形容詞で表現できるものであるか確認した。具体的には，７種の一人称ごとに上記の23個の形容詞対を用いて，それぞれの形容詞対の尺度上にて７段階で評定させた。評定者は心理学専攻の大学院生とし，ひとつの一人称につき２名ずつ，計14名を用いて評定作業を行った。評定の結果，各一人称における２名の評定者間の一致が低い（２者間の評定値に３ポイント以上の大きなズレがみられる）形容詞対や，回答が困難などとの指摘を受けた形容詞対を除外した。以上の手続きを経て，上に示した10個の形容詞対を，７種の一人称に対する一般的イメージを表現し得る形容詞対であると想定し，これらを各一人称における一般的イメージを測る項目として採用することとした。これら10個の形容詞対を用いて７種の一人称を評定した予備調査の結果，各一人称における各項目（形容詞対）の加算平均値は表24のようになった。調査対象が各一人称２名ずつ計14名と少数であったため統計的検定は行っていないが，表24に示した加算平均値そのものをみる限りは，各一人称において一般的イメージに相違が確認されたものと考えた。しかしこの点に関しては本節での検討課題でもあるため，改めて検討をしていくこととする。

(b) 一対比較による評定（質問２－２）：質問１で提示された“その他”を除く７種の一人称に対する一般的イメージが，各一人称において異なっている

表24　一人称別形容詞対評定得点の平均値（一人称ごと2名の評定者による）

項目＼一人称	ワタシ	ボク	ジブン	ウチ	アタシ	オレ	名前
私的な—公的な	4.0	3.5	2.5	2.5	1.5	1.5	1.0
子どもっぽい—大人っぽい	5.5	2.5	3.5	2.0	1.5	2.5	1.0
粗野な—礼儀正しい	6.0	4.5	4.0	3.5	3.5	1.5	1.5
荒っぽい—丁寧な	7.0	5.0	4.0	4.0	3.5	2.5	3.5
うちとけた—よそよそしい	4.5	5.5	4.0	3.0	2.5	2.0	2.5
下品な—上品な	6.0	5.0	3.5	3.5	3.5	3.0	3.0
くだけた—あらたまった	6.0	5.5	4.0	2.5	2.5	1.5	1.0
いいかげんな—まじめな	5.5	6.0	4.0	3.5	3.5	3.5	2.5
カッコいい—カッコ悪い	5.5	5.5	4.0	3.5	4.0	4.0	1.0
主張の激しい—穏やかな	5.0	5.5	3.5	4.0	3.5	3.0	1.5
加算平均値	5.50	4.85	3.70	3.20	2.95	2.50	1.85

かを確認するために，7種の一人称の一対比較を用いて“1（似ている）”から“4（異なる）”の4段階で評定させた。

各集団における一般的イメージの相違（質問3）　一人称の場合と同様に，質問1における各集団に関しても操作の妥当性を確認しておく必要がある。そのため，各集団の一般的イメージがそれぞれにおいて異なっているかを確認した。具体的には，質問1で提示された9種の集団に対する一般的イメージの相違について，9集団の一対比較を用いて“1（似ている）”から“4（異なる）”の4段階で評定させた。

人口統計学的変数　年齢，性別，所属，現在の居住地および出身地について尋ねた。

面接内容

個々における一人称にこめられた機能的意味を明らかにするために，質問1で回答された結果をもとに半構造化された面接を実施した。面接における主な質問事項は，丸印が付された集団および一人称について，何ゆえに当該箇所に丸印が付される必要があったのか，個々におけるその積極的な理由を尋ねるものであった。たとえば，当該一人称についてどのようなイメージを持っているのか，同じ一人称であっても集団に応じてその意味に変化は生じるものであるか，当該一人称を他の一人称によって代替することは可能であるのか，一人称の使用にこれまで変遷が生じたりはしたか，などの質問を行った。その際，半構造化された状況であっても回答された内容そのものをできる限り尊重したため，本面接は比較的緩やかな構造を持ったものであったといえる。本面接における会話内容は，IC レコーダーに録音された。

一人称にこめられた機能的意味の分析

面接時に録音された会話内容から，一人称にこめられた機能的意味の特徴を分析した。その際，質問 1 より見出された，個々の若者における社会的次元に応じた一人称の使用の様相を示すパターンごとに，KJ 法を用いて行った。この一人称の使用の様相を示すパターンの抽出結果については，次節において詳細を述べる。

KJ 法の具体的な分析方法に関しては川喜田（1967）に従った。まず，面接において各パターンに該当する全参加者が発言した，“ひとまとまりの構造をもった意味内容のエッセンス”（川喜田，1967，p. 69）をすべて抜き出し，それをひとつずつ 1 枚のカードに記録した。次に，そのカードに記載されたエッセンスの意味的内容が近いと思われるもの同士を集め，それらを小グループとしてまとめ，小グループごとに適当な小タイトルをつけた。

次に，小グループの意味的内容が近いと思われるもの同士を集め，それらを中グループとしてまとめ，中グループごとに適当な中タイトルをつけた。したがって，各パターンごとの機能的意味はこの複数の中グループより構成されることとなる。

次に，それぞれのパターンごとに，上記で見出された中タイトルを論理的に整合するよう空間上に並び替え，配置した。

次に，空間上に配置された中タイトル同士の関係性を示すために，各中タイトルの間を線で繋いだ。その際，関係の方向性を示したいものには線の一方の端に矢印を，両者が相反する関係にあることを示したいものには線の両端に矢印を，両者が類似の関係にあることを示したいものには線の両端に丸印をそれぞれ付した。また，報告数が相対的に少数であると判断したものは，点線で示すようにした。

中タイトルの空間配置と各中タイトルを線で繋ぐ作業によって，面接で得た一人称にこめられた機能的意味をパターンごとに図示することができた。なお図示の際，時間的経過に伴う変化や自分らしさに直接関係するような中タイトルについては，分かりやすさの観点から中タイトルを太字にしたり太枠で囲むなどした。また，線の補足説明のために線部に適宜注釈を付した。パターンごとに図示したものは，図１から図８として示した。

実施時期

2006年５月下旬から同７月中旬にかけて行った。

第4節　結　果

各一人称における一般的イメージの相違

形容詞対による評定　質問２－１で得られた回答をもとに一人称間における各形容詞対の評定得点（加算平均値）のズレをみることで，各一人称における一般的イメージの相違を検討した。その際，“上品な―下品な”と“まじめな―いいかげんな”の２形容詞対については逆転項目とした上で，10形容詞対につきもっともネガティブな方向（左方向）に評定がなされた場合に１点を，もっともポジティブな方向（右方向）に評定がなされた場合に７点を与えることとした（ただし，“カッコいい―カッコ悪い”については，もっともカッコいい

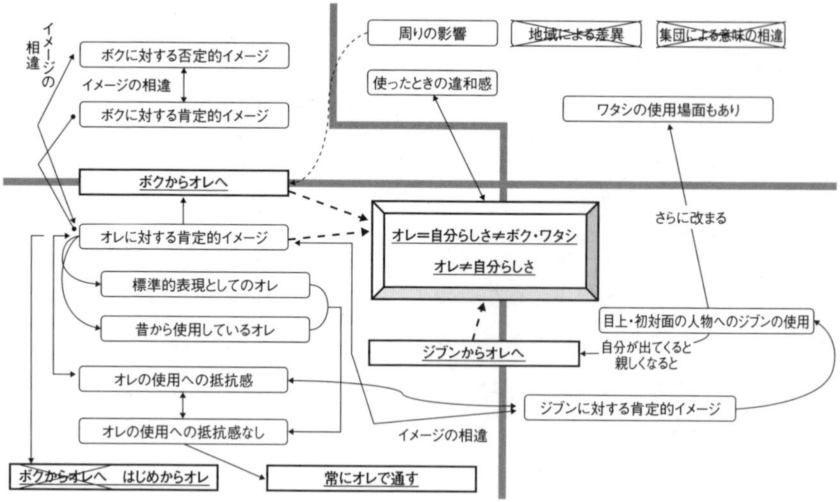

図１　オレ単一使用型における機能的意味（$n=3$）

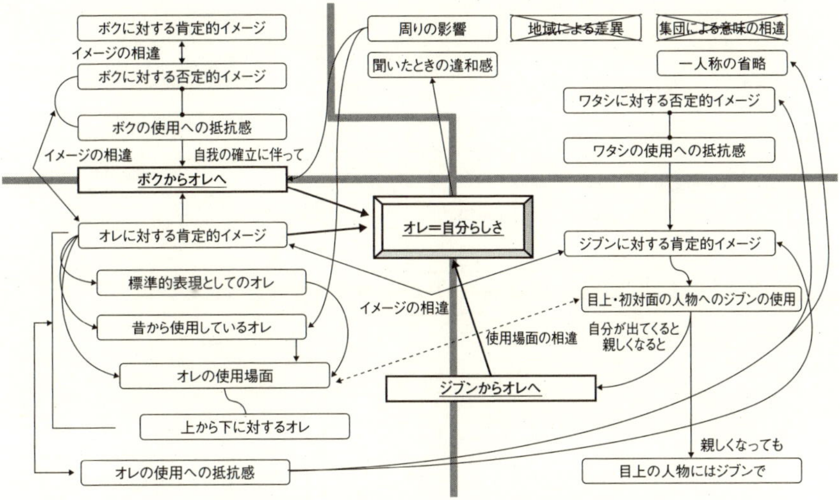

図 2　オレ・ジブン併用型における機能的意味（$n=6$）

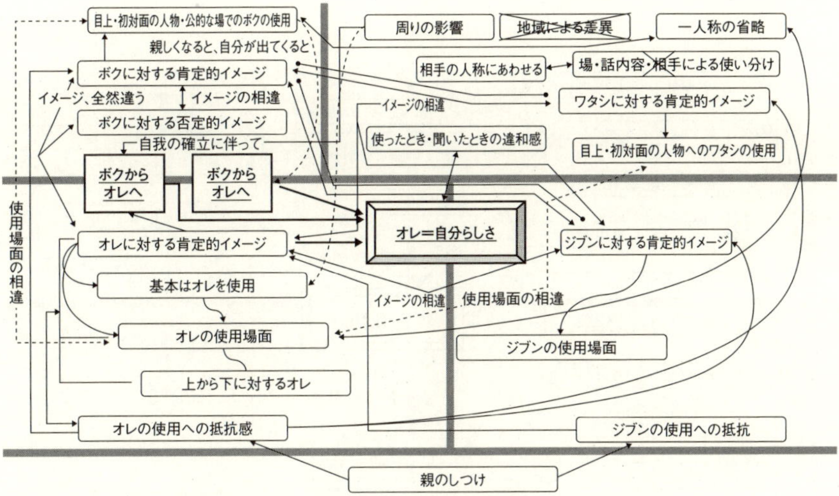

図 3　オレ多用型における機能的意味（$n=6$）

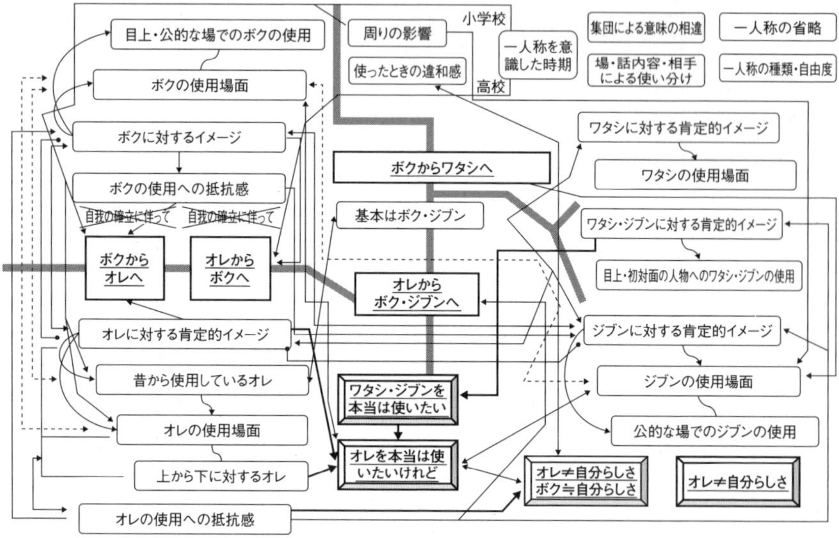

図 4　ボク多用型における機能的意味（$n=4$）

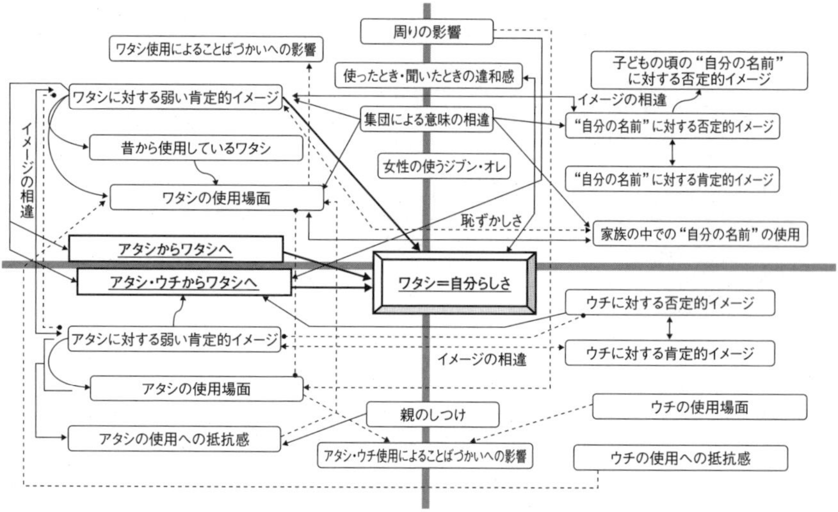

図 5　ワタシ単一使用型における機能的意味（$n=5$）

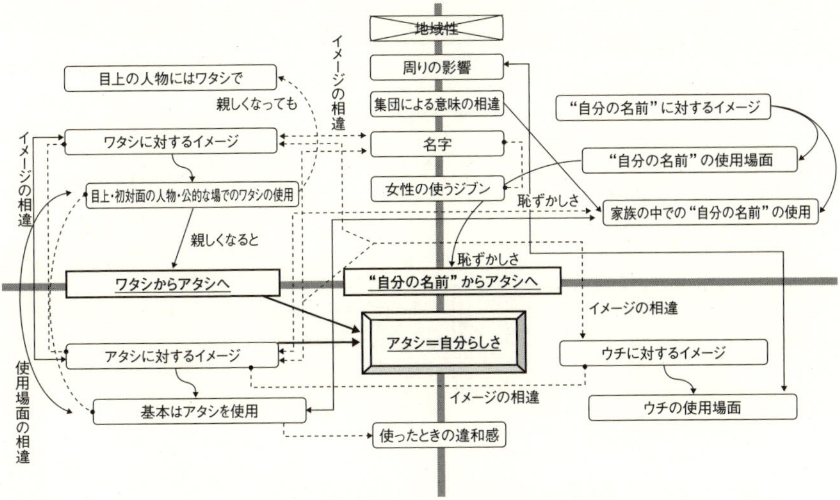

図6　アタシ単一使用型における機能的意味（$n=5$）

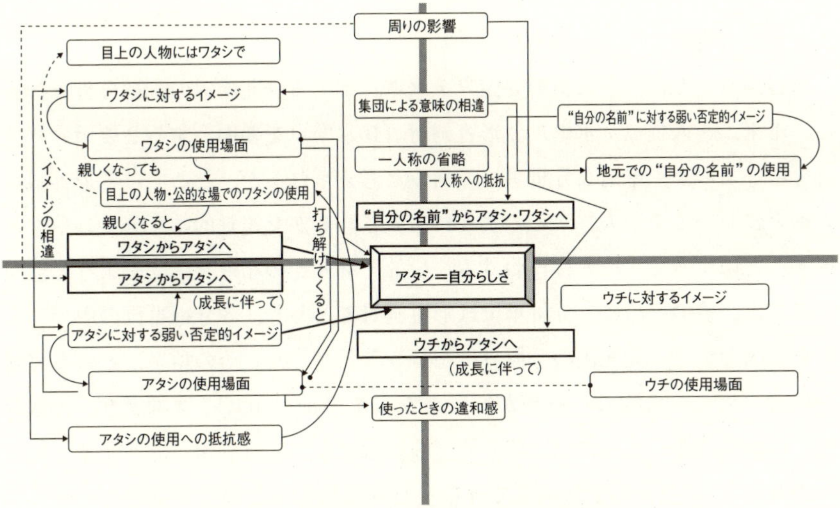

図7　ワタシ・アタシ併用型における機能的意味（$n=5$）

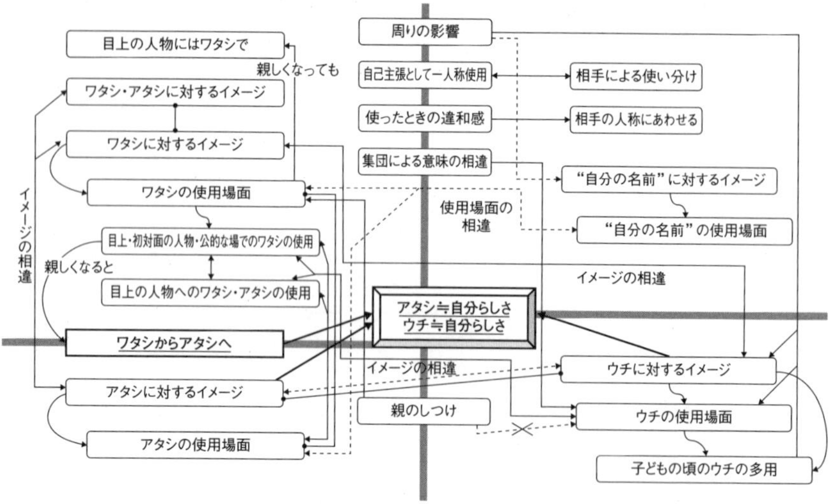

図 8　ウチ使用型における機能的意味（$n = 6$）

と評定した場合に 7 点を与えた)。

形容詞対ごとに，一人称を要因（7 水準）とする一元配置の分散分析を行った。本来，一人称（7 水準）と形容詞対（10水準）を要因とする 2 要因分散分析を用いるのが標準的な分析手法であると考えられるが，ここでは各形容詞対の軸上において 7 一人称がどのように布置されるかを視覚的にも分かりやすく示すことによって 7 一人称における一般的イメージの相違を確認しようと意図していた。そのために，分析単位は形容詞対ごととし，各分析単位の中で一人称を要因とする一元配置の分散分析を行うこととした。その結果，どの形容詞対においても一人称の主効果が有意となった（$ps < .001$）。多重比較（Tukey 法）の結果，各一人称には，部分的に 5 %水準ないし有意傾向にとどまったものの概ね0.1%ないし 1 %水準で有意差がみられたことから，一般的イメージの相違が認められた。この結果を図 9 に示した。これは，各一人称における一般的イメージの相違を分かりやすく示すため，一人称ごとに各形容詞対の評定得点を折れ線で繋いだものである。各形容詞対における各一人称の評定得点をみた場合，上記の多重比較の結果に示したような有意な差がそれぞれに示されていたことから，個々において了解され得る各一人称における一般的イメージ

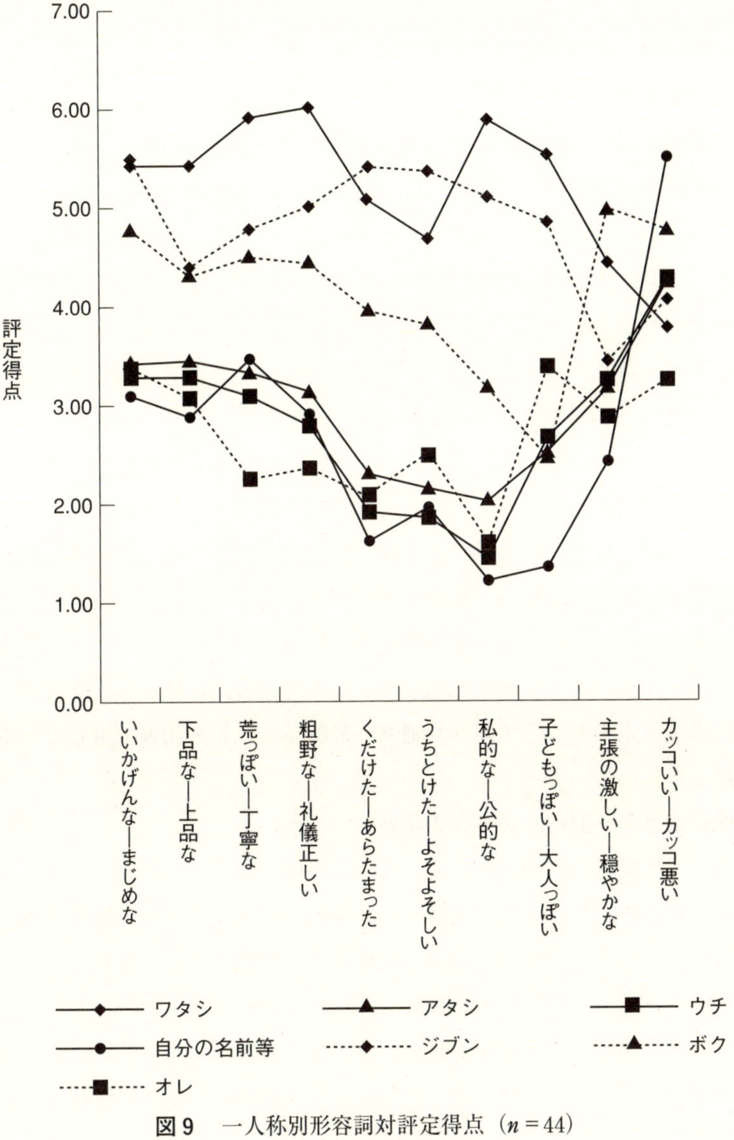

図 9　一人称別形容詞対評定得点（$n=44$）

の相違を認めた。図９に示された折れ線の形状からも明らかなように，もっとも一般的イメージの相違が小さかった一人称は“アタシ”と“ウチ”であったが，この両者間にも“私的―公的”尺度上にて有意差が認められていた($p<.05$)。なお，各形容詞対の評定得点の数値については表25に示した。

一対比較による評定　質問２－２で得られた回答をもとに，各一人称における一般的イメージの相違を検討した。すべての対項目における相違得点（加算平均値）を算出し（表26参照），さらにそれらの平均値を求めたところ，2.60（SD＝0.44）となった。そこで，この平均値から１標準偏差分をマイナスした値よりも低い得点となっている対項目を抽出し，これらを一般的イメージの相違が小さい一人称対であるとみなした[11)]。一般的イメージの相違が小さい一人称対は，“ボク―ワタシ”，“ジブン―ワタシ”および“アタシ―ウチ”であった。このうち“ボク―ワタシ”および“ジブン―ワタシ”については，大和田・下斗米（2006）においても性による使い分けが明らかであったため，今回の得点の低さは，両者における一般的イメージの相違の小ささというよりはむしろ男女込みでみた場合の意味的類似性の近さによるものであったと捉える方が妥当である。また“アタシ―ウチ”についても当該得点は低かったものの，形容詞対による評定のところで述べた通り一般的イメージの相違は有しているものと判断した。

各集団における一般的イメージの相違

質問２－２で得られた回答をもとに，各集団における一般的イメージの相違を検討した。本項目は１名（女性）のみ未回答があったため，回答者数は43名であった。すべての対項目における相違得点（加算平均値）を算出し（表27参照），さらにそれらの平均値を求めたところ，2.89（SD＝0.64）となった。そこで，この平均値から１標準偏差分をマイナスした値よりも低い得点となっている対項目を抽出し，これらを一般的イメージの相違が小さい集団対であるとみなした。上記の集団対は，“所属ゼミのメンバー―同じクラスや同じ授業のメンバー”，“所属サークル・県人会等のメンバー―遊びや食事などをともにする仲間”，“所属サークル・県人会等のメンバー―趣味の仲間”，“同じクラスや同じ授業のメンバー―遊びや食事などをともにする仲間”，“遊びや食事などをともにする仲間―高校・中学時代からの仲間，地元の仲間”，“遊びや食事など

表25　一人称別形容詞対評定得点（$n=44$）

項目＼一人称	ワタシ	(*SD*)	アタシ	(*SD*)	ウチ	(*SD*)	自分の名前等	(*SD*)	ジブン	(*SD*)	ボク	(*SD*)	オレ	(*SD*)	*F*
いかげんな―まじめな	5.43	(1.10)	3.45	(0.89)	3.32	(0.90)	3.11	(0.80)	5.52	(1.22)	4.80	(1.18)	3.39	(0.80)	45.29
下品な―上品な	5.43	(1.14)	3.48	(0.99)	3.30	(0.92)	2.89	(0.76)	4.39	(1.13)	4.34	(0.85)	3.09	(0.76)	36.99
荒っぽい―丁寧な	5.91	(1.12)	3.34	(0.98)	3.11	(0.91)	3.45	(0.86)	4.79	(1.37)	4.52	(1.16)	2.27	(0.86)	56.15
粗野な―礼儀正しい	6.00	(1.17)	3.16	(0.80)	2.84	(1.02)	2.91	(0.96)	5.00	(1.15)	4.45	(1.23)	2.39	(0.96)	66.62
くだけた―あらたまった	5.11	(1.11)	2.32	(0.82)	1.91	(0.90)	1.61	(0.97)	5.41	(1.07)	3.95	(1.09)	2.09	(0.97)	109.58
うちとけた―よそよそしい	4.68	(1.08)	2.16	(0.88)	1.89	(1.03)	1.98	(1.03)	5.39	(1.25)	3.84	(1.19)	2.50	(1.03)	72.25
私的な―公的な	5.86	(1.12)	2.05	(0.77)	1.48	(0.81)	1.23	(0.88)	5.11	(1.43)	3.20	(1.77)	1.61	(0.88)	112.97
子どもっぽい―大人っぽい	5.55	(1.39)	2.52	(0.97)	2.66	(1.04)	1.36	(1.03)	4.84	(1.09)	2.48	(1.42)	3.39	(1.03)	72.51
主張の激しい―穏やかな	4.43	(1.14)	3.19	(0.87)	3.25	(1.09)	2.43	(1.07)	3.43	(1.40)	4.98	(1.29)	2.89	(1.07)	23.41
カッコいい―カッコ悪い	3.77	(0.60)	4.20	(0.62)	4.25	(1.13)	5.48	(0.81)	4.07	(0.75)	4.77	(1.02)	3.27	(0.81)	25.70

表26　一人称ごとの一対比較評定得点（$n=44$）

指標＼一人称対	オレ―ボク	オレ―ジブン	オレ―ワタシ	オレ―アタシ	オレ―ウチ	オレ―自分の名前等	ボク―ジブン	ボク―ワタシ	ボク―アタシ	ボク―ウチ	ボク―自分の名前等	ジブン―ワタシ	ジブン―アタシ	ジブン―ウチ	ジブン―自分の名前等	ワタシ―アタシ	ワタシ―ウチ	ワタシ―自分の名前等	アタシ―ウチ	アタシ―自分の名前等	ウチ―自分の名前等
平均値	3.00	2.61	3.14	2.18	2.41	3.07	2.66	2.05	2.66	2.80	2.70	2.00	2.91	2.79	3.30	2.41	2.82	3.20	1.52	2.27	2.20
SD	0.85	0.96	1.06	1.19	1.11	0.99	1.02	1.00	0.90	1.06	1.14	0.77	0.88	1.15	1.04	0.86	0.83	0.94	0.69	0.99	1.08

をともにする仲間—趣味の仲間”，“高校・中学時代からの仲間，地元の仲間—趣味の仲間”であった。したがって，参加者である大学学部1年次生に直接関わる後6集団対については，後述する一人称にこめられた機能的意味に関する分析にあたって注意が必要となる。

個々の若者における社会的次元に応じた一人称の使用の様相

質問1において提示されたマトリックス表につき，当該表に記入された丸印のパターンが2名の評定者によって分析された。その結果，男性については，“オレ単一使用型”，“オレ・ジブン併用型”，“オレ多用型”および“ボク多用型”の4パターンに，女性については，“ワタシ単一使用型”，“アタシ単一使用型”，“ワタシ・アタシ併用型”および“ウチ使用型”の4パターンに分類された。パターンの命名に際しては，各パターンの違いをうまく表現できるよう考慮した。各パターンにおける人数の内訳は，3名，6名，6名，4名（以上男性），5名，5名，5名，6名（以上女性）であった。本節では，上記の計8パターンを一人称の使用の様相として捉えることとする。なお，女性については上記以外にもさらに2つのパターンが想定可能であったが，この2パターンに関しては多くのデータが得られなかったため（各パターン2名ずつ），本節においてはこれらを機能的意味に関する分析対象から除外することとした。

一人称にこめられた機能的意味

面接時に録音された会話内容をKJ法を用い，上に示したパターンごとに一人称にこめられた機能的意味の特徴を前節で述べたような方法で分析（図示）し，そこから導かれた事柄を簡潔に文章化すると以下のようになった。

オレ単一使用型　“ボク”に対するイメージが，必ずしも否定的ではない，“オレ”に対して強いこだわりがあるわけではない，相手が誰であるかに拘りなく常に“オレ”で通す場合がみられる，などの特徴があげられた。

オレ・ジブン併用型　“ボク”に対する強い否定的なイメージ（たとえば，子どもっぽいなど）を有する，“オレ”に対する強い肯定的なイメージ（たとえば，カッコいいなど）を有する，目上などへの“オレ”の使用に対する抵抗感を有する（目上などへの“ジブン”の使用），自己の表現として“オレ”がもっともしっくりきている，などの特徴があげられた。

オレ多用型　基本的には“オレ”を常用とする，目上などへの“オレ”の使

表27　集団ごとの一対比較評定得点（$n=43$）

指標／集団対	平均値	*SD*
所属ゼミのメンバー—所属ボランティア団体のメンバー	2.34	0.81
所属ゼミのメンバー—所属サークル・県人会等のメンバー	2.56	0.94
所属ゼミのメンバー—同じクラスや同じ授業のメンバー	1.80	0.97
所属ゼミのメンバー—遊びや食事などをともにする仲間	3.15	0.87
所属ゼミのメンバー—高校・中学時代からの仲間、地元の仲間	3.56	0.80
所属ゼミのメンバー—バイト先・実習先のメンバー	2.85	1.05
所属ゼミのメンバー—趣味の仲間	3.27	0.96
所属ゼミのメンバー—家族	3.85	0.47
所属ボランティア団体のメンバー—所属サークル・県人会等のメンバー	2.52	0.82
所属ボランティア団体のメンバー—同じクラスや同じ授業のメンバー	2.93	0.80
所属ボランティア団体のメンバー—遊びや食事などをともにする仲間	3.43	0.82
所属ボランティア団体のメンバー—高校・中学時代からの仲間、地元の仲間	3.76	0.43
所属ボランティア団体のメンバー—バイト先・実習先のメンバー	2.93	0.91
所属ボランティア団体のメンバー—趣味の仲間	3.00	0.90
所属ボランティア団体のメンバー—家族	3.86	0.41
所属サークル・県人会等のメンバー—同じクラスや同じ授業のメンバー	2.33	0.98
所属サークル・県人会等のメンバー—遊びや食事などをともにする仲間	1.98	1.00
所属サークル・県人会等のメンバー—高校・中学時代からの仲間、地元の仲間	2.56	1.02
所属サークル・県人会等のメンバー—バイト先・実習先のメンバー	3.00	0.86
所属サークル・県人会等のメンバー—趣味の仲間	1.93	0.90
所属サークル・県人会等のメンバー—家族	3.58	0.78
同じクラスや同じ授業のメンバー—遊びや食事などをともにする仲間	2.21	0.76
同じクラスや同じ授業のメンバー—高校・中学時代からの仲間、地元の仲間	2.77	0.98
同じクラスや同じ授業のメンバー—バイト先・実習先のメンバー	2.95	0.81
同じクラスや同じ授業のメンバー—趣味の仲間	2.79	0.85
同じクラスや同じ授業のメンバー—家族	3.77	0.56
遊びや食事などをともにする仲間—高校・中学時代からの仲間、地元の仲間	1.47	0.76
遊びや食事などをともにする仲間—バイト先・実習先のメンバー	3.00	0.84
遊びや食事などをともにする仲間—趣味の仲間	1.70	0.79
遊びや食事などをともにする仲間—家族	3.16	1.03
高校・中学時代からの仲間、地元の仲間—バイト先・実習先のメンバー	3.42	0.69
高校・中学時代からの仲間、地元の仲間—趣味の仲間	2.19	0.81
高校・中学時代からの仲間、地元の仲間—家族	2.91	1.14
バイト先・実習先のメンバー—趣味の仲間	3.35	0.64
バイト先・実習先のメンバー—家族	3.81	0.44
趣味の仲間—家族	3.42	0.97

用に対する抵抗感を有する（目上などへの“ボク”や“ワタシ”の使用），“オレ”を用いると“ボク”などとは全くイメージが異なってくる，自己の表現としては“オレ”がもっともしっくりきている，などの特徴があげられた。

ボク多用型　目上などへの“オレ”の使用に対する強い抵抗感を有する，同時に“オレ”を自然に用いることができればという希求もある，一方で“ワタシ”や“ジブン”を常用したいという希求もあるなど，さまざまな特徴があげられた。

ワタシ単一使用型　“ワタシ”と“アタシ”の間のイメージ的相違が比較的明確である，“ワタシ”に対して，強いこだわりがあるわけではない，以前より誰に対しても習慣的に“ワタシ”を用いる傾向にある，などの特徴があげられた。

アタシ単一使用型　“ワタシ”と“アタシ”の間のイメージ的相違が比較的明確である，“ワタシ”と“アタシ”の使い分けが明確である（“ワタシ”は目上などに対してのみ使用），自己の表現としては“アタシ”がもっともしっくりきている，などの特徴があげられた。

ワタシ・アタシ併用型　“ワタシ”と“アタシ”の間のイメージ的相違が明確である，目上などへの“アタシ”の使用に対する抵抗感を有する（目上などへの“ワタシ”の使用），“アタシ”に対しやや否定的だがもっとも自分らしくも感じている，などの特徴があげられた。

ウチ使用型　“アタシ”に対する多様なイメージを有する（たとえば，くだけた，改まったなど相反するイメージを同時に持つ），“アタシ”と“ウチ”はイメージ的に比較的近似している，“ウチ”の多用は周りの影響を強く受けているようである，などの特徴があげられた。

第5節　考　察

本章第3節以降では，個々の若者における社会的次元に応じた一人称の使用の様相と，そこにみる各一人称にこめられた機能的意味についての探索的な検討を行ってきた。その結果，一人称の使用の様相については，“オレ単一使用型”，“オレ・ジブン併用型”，“オレ多用型”，“ボク多用型”（以上男性），“ワタシ単一使用型”，“アタシ単一使用型”，“ワタシ・アタシ併用型”，“ウチ使用型”（以上女性）の計8パターンが見出された。また，一人称にこめられた機能的意味については，上記8パターンごとに特徴ある差異が見出された。以下においては，一人称の使用の様相として見出された8個のパターンごとに，一人称にこめられた機能的意味についての考察を行う。

各パターンにおける一人称にこめられた機能的意味

オレ単一使用型　このパターンに相当する者は，どのような場面であっても常に“オレ”で通すことが多いという特徴を持っている。“オレ”に対して“カッコいい”，“男らしい”などの肯定的なイメージは持っているものの，それを用いることに必ずしも強いこだわりがあるということではなかった。“オレ”という表現がもっとも標準的なものであると捉えたり，子ども時代からの使用による習慣的な表現であったりすることによる“オレ”の常用であった（ただし，かなり幼少時においては“ボク”の使用も認められた）。それゆえに，場面を問わず“オレ”を用いることにあまり抵抗を感じてはいないが，目上や初対面の人物に対してはやや抵抗を感じることもあるようであった。本パターンに相当する者は，“ジブン”に対しても“謙虚である”，“目上に対しての敬意がある”などの肯定的なイメージを持っており，目上や初対面の人物に対しては“オレ”の代わりに“ジブン”が用いられていた。しかし，目上や初対面の人物であっても親密さが増してくると“オレ”を用いるようになっていた。また，“ボク”に対しては肯定的・否定的の両イメージが報告された。本パターンでは，“オレ”が自己の表現として相応しいと報告されたが，それは半ば習慣的表現でもあるためそれほど積極的に“オレ”が自分らしいと感じているわけではないようである。

オレ・ジブン併用型　このパターンに相当する者は，“オレ”に対して“カッコいい”，“男らしい”，“若さがある”，“積極的”などの肯定的イメージを抱いているが，目上や初対面の人物に対して“オレ”を用いることには抵抗を感じていることも多かった。そのような場合には，“オレ”の代わりとして“ジブン”が用いられやすかった。“ジブン”に対しても“公的である”，“礼儀正しい”などの肯定的なイメージは持ってはいるが，この“ジブン”とは“オレ”の代用であり，これは相手との親密さが増すにつれやがて“オレ”に変化し得るものであった。また，子ども時代においては“ボク”を多用しているものの，性別を意識し始めたり，周囲（先輩など）の用いる“オレ”に格好の良さを認めたりすることによって次第に“オレ”への移行が始まり，現在に至っては“ボク”を子どもっぽく弱々しい表現であるとして強く忌避するようになる，という報告が多くみられた。本パターンは，“オレ”が自己の表現として最適であることがかなり強調されたものであった。その一方で，“ボク”への強い忌避感情も認められた。また，“ジブン”は“オレ”の代替として一時的に用いられるものであるという傾向がみられた。したがって，本パターンは“オレ”と“ジブン”を併用してはいるものの，実際には“オレ”に対する思い入れのもっとも強いパターンであるように思われる。また，本パターンの特徴は比較的明快なものであり，本章第3節以降における男性参加者の典型的なパターンであるといえる。

オレ多用型　このパターンに相当する者は，基本的には“オレ”を用いるが，場面に応じてさまざまな一人称を使い分けるという特徴がある。“オレ”の使用は，“ストレートな感じ”，“近さを感じる”，“言いたいことがビシッといえる”などといった“オレ”に対する肯定的イメージに基づくが，一方で，“オレ”は上位者から下位者に向けて物をいうというイメージも報告され，そのような場合は代わりに“ジブン”や“ボク”，“ワタシ”が用いられていた。特に相手が目上や初対面の人物である場合，“ボク”や“ワタシ”が用いられやすかった。また，子ども時代においては“ボク”を多用しているものの，性別を意識し始めたり，周囲（先輩など）の用いる“オレ”に格好の良さを認めたりすることによって次第に“オレ”への移行が始まっていた。この“ボク”を用いるか“オレ”を用いるかによって，自分自身へのイメージや他者からみられるイメージは全く異なってくるものであるとの認識がなされていた。本パターンでは，“オレ”が自己の表現として最適であると報告されていたため，“ボク”などの使用は，自分らしさの表現からかなり距離があり，自己呈示的な要素の強いものではないかと思われる。

ボク多用型　このパターンに相当する者は，複雑な様相を持っている。まず“ボク”に対するイメージは，“オレよりも優しい”，“落ち着いている”といった比較的中立的なものであった。子ども時代に一人称を意識し始めると，“ボク”から“オレ”へと使用に変化が生じた。その背景には“大人っぽい”，“正直である”といった“オレ”に対する肯定的なイメージがあった。ただし，“オレ”には上位者から下位者に向けて物をいうというイメージがあり，“オレ”を使用することに強い抵抗感も生じていた。そのため，目上や初対面の人物に対して，また公的な場面においては“ボク”や“ワタシ”，“ジブン”が使用されていた。また，高校時代などの思春期において一人称を意識し始めたような場合，これまで使用していた“オレ”をより大人っぽい“ボク”に変えたという報告もみられた。本パターンにおいては，日頃“ボク”を使用することがもっとも多いものの，実際にはさらに大人っぽいイメージである“ワタシ”や“ジブン”を常用したいという希求があるようであった。しかしその一方では，“オレ”を自然に用いることができればという上記とは相反する希求もみられた。概して，“オレ”が自己の表現として最適であればよいという願望を秘めているようであったため，日常的な“ボク”の使用は自分らしさの表現から距離があるものではないかと思われる。

ワタシ単一使用型　このパターンに相当する者は，“ワタシ”に対しても“アタシ”に対しても同様にそれほど強くはない肯定的なイメージを持っていた(たとえば，“丁寧であたりさわりがない”(“ワタシ”)，“プライベートで使えるが子どもっぽい”(“アタシ”))。しかしそのイメージには，“ワタシ”は主に公的な場面において使用するもの，“アタシ”は主に私的な場面において使用するものと，比較的明確な差異も認められた。また，子ども時代から使用しているといった習慣的な要因によって“ワタシ”の使用場面が規定されているようであった。一方，子ども時代は“アタシ”や“ウチ”を使用していたという者は，“ワタシ”に対するやや肯定的なイメージや“くだけ過ぎている”，“子どもっぽい”といった“ウチ”に対する否定的イメージによって，“アタシ”や“ウチ”から“ワタシ”に使用が移行していることが認められた。また，現在“ワタシ”を常用している者も，家族の中に限って“自分の名前”を使用しているという報告もあった。家族以外で用いられる“ワタシ”と，家族の中で用いられる“自分の名前”とは，同義的なもののようである。本パターンでは，“ワタシ”を用いることに強いこだわりがあるわけではないが，“ワタシ”が自己の表現として相応しいと感じているようである。

アタシ単一使用型　このパターンに相当する者は，“ワタシ”および“アタシ”に対するイメージが肯定的でも否定的でもなく比較的中立的なものであった（たとえば，“アタシよりもかしこまっている”（“ワタシ”），“ワタシよりも気軽に使える”（“アタシ”））。しかしながらこの両者は，前者が公的な場面で使用するもの，後者が私的な場面で使用するものというように，イメージ的に比較的明確な区別がなされていた。また，日頃“アタシ”を用いているが，目上や初体面の人物に対して，また公的な場面に限って“ワタシ”を用いるという明確な区別も認められた。さらに，家族の中に限って“自分の名前”を使用しているという報告もあった。本パターンでは，“アタシ”が自己の表現として最適であると報告されていた。したがって，自分らしさの表現としては“アタシ”の使用が基本となるが，自己呈示的場面に限っては“ワタシ”を用いるという，比較的明瞭な特徴が見出されたといえる。

ワタシ・アタシ併用型　本パターンに相当する者は，“ワタシ”は主に公的な場面において使用するもの，“アタシ”は主に私的な場面において使用するものと，そのイメージを明確に区別していた。また“アタシ”に対しては“子どもっぽい”，“敬語には馴染まない”といった，やや否定的なイメージを持っていた。特に目上の人物に対して，また公的な場面において“アタシ”を使用することには抵抗を持っており，そのような場合には“ワタシ”を用いていた。ただし，相手との親密さが増すにつれこの“ワタシ”は“アタシ”に変化するという報告が多くみられた。一方で，成長過程においてこれまで使用してきた“アタシ”に子どもっぽさを感じ，より大人っぽい“ワタシ”に変えたという報告もみられた。また，高校・中学時代からの仲間，地元の仲間に限って“自分の名前”を使用しているという報告もあった。本パターンでは，“アタシ”をもっとも自分らしいと感じているようであった。しかし，“アタシ”に対しては上記の通りやや否定的なイメージも持っているため，これが自己の表現として最適であればよいという願望を秘めたものとして捉えることも可能であろう。

ウチ使用型　このパターンに相当する者は，まず“アタシ”に対して多様なイメージ（たとえば“くだけた”や，その逆の“改まった”など）を持っていたことをあげられる。そして，“ウチ”に対するイメージは，この“アタシ”

に対するイメージのうち比較的私的なもの（上記でいえば“くだけた”）に近いものであった。ここでも他のパターンと同様に，目上や初体面の人物に対して，また公的な場面においては“ワタシ”を用いるという報告が多くみられた。そして，相手との親密さが増すにつれこの“ワタシ”は“アタシ”に変化していくものであった。また，“ウチ”の使用に関しては，周囲の友人が“ウチ”を用いているから，子どもの頃から“ウチ”をよく用いていたから，などの理由によるものが多かった。また，話がノッて来たときの勢いや，相手の一人称に合わせて“ウチ”を用いるという報告もみられた。本パターンの特徴として，“ウチ”を用いることが多い者は“ワタシ”や“アタシ”などの他の一人称もあわせて用いることがほとんどであるということである。また，どの一人称に対しても特別の思い入れがあるということではなく，周囲の使用の影響を受けたり相手に合わせたりしながらその都度使用する一人称を変化させているようである。また，本章第3節以降では“ウチ”の使用において出身地および居住地による差は見出されなかった。しかしこの点については，本章第3節以降における参加者が少数であったこともあるため，調査対象を増やして検討する必要もある。

以上，一人称の使用の様相として見出された8個のパターンごとに，その一人称にこめられた機能的意味について考察を行った。ここでは，一人称の機能的意味の中の社会的次元に応じた差異が，必ずしもすべてのパターンでみられたわけではなかったが，たとえば相手に応じた一人称の併用や使い分け，周囲の使用の影響などといったところに，社会的相互作用の中における一人称にこめられた機能的意味を確認することができた。全体的にいえば，上記8パターンごとに特徴ある差異が見出されていたため，個々の若者の用いる一人称にこめられた機能的意味には，若者カテゴリへの同化に対して異なった影響を及ぼし得るほどに大きな違いが認められたといえる。

本章のまとめ，および今後の課題と展望

本章第2節では，前章までの結果に基づき，なぜ若者は若者特有といわれるような行動をとるのかという問に対し接近を図るための具体的な方法を見出していくことを目的としていた。第1節においては，上記の問への接近を図るた

めに，前章までで明らかとなっていた若者特有の行動を改めて記述しなおす作業を試みた。そこでは，対人場面におけることばの使用や選択が，若者らしさの表現として彼ら自身にとって重要視されているのではないかと考えられた。そして第2節においては，第1節で改めて記述された若者特有の行動を既述の枠組みに従って理解しようとするとき，この若者特有の行動をどのような指標によって捉えるのが妥当であるかを明らかにしてきた。その結果，若者特有の行動を表す指標として，“一人称の使用”を用いることが妥当であると結論づけた。したがって，既述の枠組みに従うならば，若者のある社会的次元における一人称の使用の様相と，そこにみる各一人称にこめられた機能的意味についての検討を行うことが，若者特有の行動が若者カテゴリへの同化（すなわち，“若者らしさ”の表現の獲得）や社会的アイデンティティの確立へと向かう上でどのような機能を持つものであるかを明らかにしていくために必要であるとされた。

そこで本章第3節以降では，若者における社会的次元に応じた一人称の使用の様相と，そこにみる各一人称にこめられた機能的意味を見出すための検討を行った。この検討によって，個々の若者の一人称の使用の様相には，若者カテゴリへの同化に対して異なった影響を及ぼすほど機能的意味に違いがみられるものであるかを明確にしていくことが意図されていた。その結果，これまで述べてきたように，一人称の使用の様相として8個のパターンが見出され，またそれぞれのパターンごとに特徴ある機能的意味があることが確認された。このことは，個々の若者の用いる一人称にこめられた機能的意味の違いが，若者カテゴリへの同化に対して異なった影響を及ぼす可能性を示したものであるといえる。したがって，若者特有の行動の生起を既述の枠組みに従って理解しようとするとき，若者特有の行動は，若者カテゴリへの同化やそうしたカテゴリにおける社会的アイデンティティ確立のために必要となる機能を内包するものであるということが，本章第3節以降の結果によって示唆されたといえよう。

しかしながら本章第3節以降では，一人称の機能的意味の中の社会的次元に応じた差異を，すべてのパターンを通じて明確に示すことができたわけではなかった。したがって，本章第3節以降の結果からは，若者カテゴリの下位概念である各社会的次元に若者が自分自身を位置づけたことによる特有の反応であったか否かについては明らかになっていない。こうした点を踏まえた上で，さらにデータを追加するなどの工夫も加え，一人称にこめられた機能的意味が当該の社会的次元に依拠するものであることを明確に示せるような証拠を得ていく必要性が生じてこよう。そして，若者特有の行動が，若者カテゴリへの同化や社会的アイデンティティの確立のために具体的にはどのような機能を持つものであるかさらに検討を進めていく必要がある。

そこで次章においては，若者カテゴリの下位概念としての集団の違いによっても，一人称にこめられた機能的意味に違いがみられるものであるか，この点についてさらに検討を行うこととする。そのことによって，これまでに述べてきたような若者特有の行動が，若者カテゴリへの同化や社会的アイデンティティの確立のために具体的にどのような機能を持つものであるかという点について，さらに議論を深めていくこととする。

引用文献

Billig, M., & Tajfel, H. (1973). Social categorization and similarity in intergroup behavior. *European Journal of Social Psychology*, **3**, 27–52.

Cooley, C. H. (1902). *Human nature and the social order*. New Brunswick and London : Transaction Publishers.

榎本博明（1998）．「自己」の心理学―自分探しへの誘い―　サイエンス社

Hogg, M. A. (1992). *The social Psychology of group cohesiveness : From attraction to social identity*. Herts : Harvester Wheatsheaf.
（廣田君美・藤澤等（監訳）（1994）．集団凝集性の社会心理学　北大路書房）

Hogg, M. A. (2006). Self-conceptual uncertainty and the lure of belonging. In R.Brown & D.Capozza (Eds.), *Social identities*. Hove and New York : Psychology Press. pp. 33–49.

Hogg, M. A., & Abrams, D. (1990). Social motivation, self-esteem and social identity. In D. Abrams & M. A. Hogg (Eds.), *Social identity theory : Constructive and critical advances*. Hemel Hempstead : Harvester Wheatsheaf. pp. 28–47.

James, W. (1892). *Psychology, Briefer course*. New York : Henry Holt.
（今田寛（訳）（1992）．心理学（上・下）岩波文庫）

川喜田二郎（1967）．発想法　中公新書

Kihlstrom, J. F., & Cantor, N. (1984). Mental representations of the self. *Advances in Experimental Social Psychology*, **17**, 1–47.

三輪正（2000）．人称詞と敬語―言語倫理学的考察―　人文書院
三輪正（2005）．一人称二人称と対話　人文書院
大和田智文・下斗米淳（2006）．若者における一人称への意味づけに関する検討（1）―社会的アイデンティティ確立のための社会的カテゴリの選択をめぐって―　日本心理学会第70回大会発表論文集，136．
新村出（編）（1983）．広辞苑第三版　岩波書店
鈴木孝夫（1973）．ことばと文化　岩波新書
Tajfel, H.（1970）. Experiments in intergroup discrimination. *Scientific American,* **223**，96-102.
Turner, J. C.（1987）. *Rediscovering the social group : A self-categorization theory*. Oxford : Blackwell.

注

6）本章は，「大和田智文・下斗米淳（2006）．若者における一人称への意味づけに関する検討（2）―社会的アイデンティティの諸相にみる一人称詞の機能的意味について―　日本パーソナリティ心理学会第15回大会発表論文集，52-53.」として発表された。

7）“自分らしさ”とは，ある社会的カテゴリや社会的次元の一員として脱個人化をした自分らしさのことであり，当該の社会的カテゴリ性や社会的次元性によって説明され得るものである。したがって，個人的変数としてのその人らしさを意味する“自分らしさ”とは区別される。

8）本研究では社会的次元を社会的カテゴリの下位概念として捉えている。言い換えると，若者の日常生活に必要不可欠ないくつかの社会的次元をひとつの領域に統合した場合，それが当該の社会的カテゴリ（すなわち，本研究においては若者カテゴリ）であると考えた。

9）第3章によると，若者として想定される年齢層はおおよそ10歳代中盤から20歳代中盤くらいまでの比較的広範囲のものであった。それに従い，本章第3節以降ではそのちょうど中間層辺りと考えられる大学学部の1年次生を調査対象とすることとした。ただし，本章第3節以降では“若者”を調査対象とするにあたり社会的なカテゴリ情報のみに注目しているため，“若者”の実年齢の範囲を明確に定めてはいない。

10）大和田・下斗米（2006）では以下のことが確認されていた。すなわち男性（n＝37）では，“オレ”，“ボク”，“ジブン”，“ワタシ”の使用頻度がその他の一人称（“ウチ”，“ワタクシ”，“アタシ”，“ワシ”）よりも有意に多く（$\chi^2(7)=83.63$，$p<.01$；ライアンの名義水準を用いた多重比較の結果 $ps<.001$），女性（n＝54）では，“アタシ”，“ワタシ”，“自分の名前”，“ウチ”の使用頻度がその他の一人称（“ジブン”，

“ワシ”，“オレ”）よりも有意に多かった（$\chi^2(6) = 57.40$，$p < .01$；ライアンの名義水準を用いた多重比較の結果 $p < .01$，$ps < .001$）。上記の高使用頻度の一人称については，男女それぞれにおいて有意な差はみられなかった。

11）ここでは，全対項目の相違得点の分布において得点が低い方向に偏っているほど，一般的イメージの相違は小さくなるものと捉えている。全対項目の相違得点に，統計的検定の手続きの上で正規分布を仮定するならば，相違得点の平均値から1標準偏差分をマイナスした値よりも低い得点の出現率はおおよそ16%以下であると考えられる。したがって，ここでは低得点寄りの中でもその出現率が16%以下という低出現率である場合を，一般的イメージの相違の小さいものであるとみなし，分析・解釈上に注意を与えた。ただし，ここで問題とすべきは対項目の相違が小さい場合であることから，相違得点がその平均値よりも高得点となった場合には問題とならない。

第5章　重要となる集団への同一視と一人称への意味づけとの関連[12)]

第1節　問題と目的

本章では，前章第3節以降の結果と検討課題を踏まえ，若者カテゴリの下位概念となる集団[13)]の違いによっても，“若者特有の行動の指標としての一人称にこめられた機能的意味[14)]”（すなわちこれは，“若者らしさの表出としての一人称への意味づけ”のことであると言い換えられる。本章においては，この表現を用いることとする）に違いがみられるものであるか，この点についての検討を行うこととする。

ここで，個人の位置するある集団に注目すると，ある個人にとって当該集団が問題となる側面には，大きく分けてその集団の質的な側面（すなわち，その集団がどのような集団（たとえばゼミやバイト仲間）なのか）と量的な側面（たとえばゼミやバイト仲間などの個人の位置するある集団が，その個人にとって認知的にどの程度内在化されたものであるか）とがあるように思われる。この分類についてはこれまでに詳細な検討が行われてはおらず，現時点では不明確な点が多いが，たとえば大石（2003）は，個人の位置するある集団が社会的アイデンティティの確立へと導くための基盤になり得るほどに重要なものであるためには，その個人の当該集団に対する同一視の程度がまず重要な要因になるとしている。本章における問題意識の主要な部分は，若者らしさの表出が若者カテゴリへの同化や社会的アイデンティティの確立へと向かう上でどのような機能を持つものであるかを明らかにしていくことにある。そうであれば，上記のような個人の位置する集団の量的な側面（上記においては集団同一視）に注目をして検討を行っていくことが妥当であると考えられる。そこで本章では，若者の位置する集団の量的な側面の中でも，大石（2003）の述べるような当該集団への同一視の程度を，若者の位置する集団の違いを判断するための指標として用いることとする。

一方，前章第3節以降において見出された一人称の機能的意味を分類すると，以下のような3つの側面に集約されるであろう。すなわち，ある一人称に対して強いこだわりを持つなどの“一人称の大切さや愛着の程度に関する側面”，ある一人称を用いることが自己の表現としてもっともしっくりくるなどの“一人称への自己意識の現われに関する側面”，目上の人物などに対しある一人称を用いることに強い抵抗感を持つなどの“相手との関係性の上での当該一人称の捉え方に関する側面”である。そこで，本章における一人称への意味づけについても，この3側面に基づいた量的な指標によって求めることとする。

以上より，本章では若者の位置する集団への同一視の程度が，若者の若者らしさの表出としての一人称への意味づけに対し影響を及ぼすものであるか検討を行い，集団同一視の程度と若者らしさの表出との関連性を明らかにしていくことを目的とする。その際，これまでの議論より，若者の位置する集団とは若者の社会的アイデンティティ確立の基盤となり得るようなものであることを必要とする。

具体的な手続きとして，日頃主に用いる一人称をひとつ回答させ，ここで回答された一人称への意味づけの程度を独自に作成した質問項目を用いて測定する。さらに，社会的アイデンティティ確立の基盤となり得る集団として，学生生活を送る中で必要不可欠と想定されるような集団を複数提示し，上で回答のあった一人称をこのうちのどの集団において主に用いているかを回答させ，ここで回答された集団への同一視の程度を既存の尺度を用いて測定する。手続きの詳細については次節において述べる。

上記の検討を通して，若者特有の行動が，若者カテゴリへの同化や社会的アイデンティティの確立のために具体的にどのような機能を持つものであるかについて示唆を得ていくこととする。

第2節　方　法

調査対象

本章においては，“若者”を社会的カテゴリのひとつとして捉えることを前提とする。したがって，本章における調査対象は，社会的カテゴリのひとつである若者カテゴリを適切に代表するような対象である必要がある。たとえば，専門学校生や大学生などは，わが国における社会的階層からみてもここでいう若者カテゴリに分類することが可能であると考えられる。そこで本章では，東京都内の専門学校生（介護福祉専攻２年次生）計91名を調査対象とし[15]，質問紙調査を実施することとした。授業時間を利用し，質問紙を一斉に配付した。

質問紙構成

一人称の使用（選択）（質問１－１）　日頃主に用いる一人称について，使用頻度順に３つまで記載を求めた。

一人称への意味づけ（質問１－２）　質問１－１で挙がった最頻の一人称の大切さや愛着の程度（以下に記載の第１および第２項目に相当），当該一人称への自己意識の現われ（第４および第５項目に相当），相手との関係性の上での当該一人称の捉え方（第３および第６項目に相当）につき，独自に作成した質問項目を用いて質問をした（ここでは，これらの質問項目をもって一人称への意味づけを問うものであると想定した）。具体的な項目内容は，“その一人称を用いることは，あなたにとってどの程度重要であると思われますか？”，“あなたはその一人称に愛着を感じていますか？”，“あなたがその一人称を用いるとき，相手によっては他の一人称に替えた方がよいと感じることはありますか？（逆転項目）”，“あなたがその一人称を用いるとき，「まさしく自分らしいなあ」と実感しますか？”，“あなたはその一人称を，他の一人称をもって替えがたいものであると感じていますか？”，“あなたがその一人称を用いる時，ためらいを感じるようなことはありますか？（逆転項目）”の６項目からなり[16]，それぞれにつき，“１（全くそうでない）”から“７（とてもそうである）”の７段階で評定させた。

社会的アイデンティティ確立の基盤となり得る集団（質問２－１）　学生生活を送る中で必要不可欠と想定されるような集団を９個提示し，最頻と回答のあった一人称をこのうちのどの集団において主に用いているかを尋ねた。具体的な項目内容は，“所属専門学校のメンバー”，“所属ボランティア団体のメンバー”，“所属サークル・所属県人会のメンバー”，“同じクラスや同じ授業のメンバー”，“遊びや食事などをともにする仲間”，“高校・中学時代からの仲間，地元の仲間”，“バイト先・実習先のメンバー”，“趣味の仲間”および“家族”であった。項目の収集については，第3章において社会的アイデンティティの探索的検討を目的に自己紹介文の記述を求めた際に得た資料や，今回新たに行った予備調査（2005年12月実施）より得た資料をもとに行った。なお，この予備調査[17]は大学学部生（心理学専攻）11名を対象に行ったものであるため，本調査実施に際し専門学校生に合わせて提示項目の再検討がなされた。

集団同一視（質問2－2）　質問2－1で回答のあった集団に対する同一視の程度について尋ねた。その際，Karasawa（1991）によって作成された，個人のある特定の集団に対する同一視の程度を測る集団同一視（以下，“GI”と記載）尺度を用いた。具体的な項目内容は，“「あなたはその集団における典型的な人ですね」といわれたとしたら，私はその表現が自分に当てはまっていると考える。”，“「自分はこの集団の一員だなあ」と実感している。”，“「あなたはその集団における典型的な人ですね」といわれると，よい気持ちがする。”，“私は自己紹介をするとき，その集団のメンバーであることを明らかにする。”，“私はその集団にとても愛着を感じている。”，“私の考えや行動に影響を与えた人が，その集団の中には数多くいると思う。”，“私の最も大切な友人たちは，その集団に数多くいると思う。”の7項目からなり，それぞれにつき，“1（全くあてはまらない）”から“7（とてもあてはまる）”の7段階で評定させた（項目の邦訳に際しては，大石（2003）も参照）。なお，本章における調査対象者が想定する集団は，若者の社会的アイデンティティ確立の基盤となり得るような性質を備えていることが必要と考えたが，本調査では予めそのような集団を想定させた上で一連の回答を求めてきてはいなかった。そこで，質問2－1で回答のあった集団に対する重要度について尋ねる項目をひとつ追加で設け，この追加項目を，“社会的アイデンティティ確立の基盤となり得るような集団に対するGI得点”を得るためのスクリーニング項目として用いた。具体的には，“その集団の一員であることは，私にとって重要なことである。”とし，上記と同様に7段階で評定させた。

人口統計学的変数　年齢，性別，所属，現在の居住地および出身地について尋ねた。

調査時期

2006年1月下旬であった。

有効回答

調査対象者91名全員より回答を得たが，このうち回答の中に研究上の重大な欠損のあった2名を分析より除外したため，有効回答者は89名（男性36名，女性53名）となった。有効回答率は97.8%であった。有効回答者の平均年齢は21.34歳（19歳から43歳まで，$SD=3.67$）であった。ただし，有効回答者のうちの2名については年齢が不詳であった。

第3節　結　果

集団同一視と一人称への意味づけとの関連性

以下においては，ある特定の集団に対する同一視の程度を測るGI尺度によって得られた得点と，一人称への意味づけに関する各項目における得点との関連性についての検討結果を述べることとする。

本章で用いたGI尺度は本来7項目より構成されているが，質問2－1において調査対象者が想定した集団が若者の社会的アイデンティティ確立の基盤となり得る性質を備えているものであることを確認する必要があったため，質問2－1で回答のあった集団に対する重要度について尋ねる項目を第1項目として追加の上で質問紙を構成していた。この追加項目は，“社会的アイデンティティ確立の基盤となり得るような集団に対するGI得点”を得るためのスクリーニング項目として設けたため，同項目の得点が中央点に満たなかった（3点以下であった）調査対象者7名分のデータを分析より除外することとした。さらに，学生生活を送る中で必要不可欠と想定されるような集団に関して記載のなかった1名と，GI尺度および一人称への意味づけに関する質問項目への記載に欠損のあった4名についても分析より除外したため，調査対象者全体から合計で14名分のデータを除外の上計77名（男性32名，女性45名）を対象として

表28　各変数に関する基本統計量（$n=77$）

指標	平均値	*SD*
集団同一視	32.21	6.17
一人称への意味づけ第1項目	3.86	1.41
一人称への意味づけ第2項目	3.73	1.65
一人称への意味づけ第4項目	3.65	1.52
一人称への意味づけ第5項目	3.32	1.43

表29　一人称への意味づけに関する各項目得点を基準変数とする重回帰分析結果（$n=77$）

説明変数	一人称への意味づけ第1項目	一人称への意味づけ第2項目	一人称への意味づけ第4項目	一人称への意味づけ第5項目
性別	.102	.143	−.150	−.018
集団同一視	.138	.288*	.191+	.051
R	.182	.338*	.227	.052

表中の数値は標準偏回帰係数βである。
+ $p<.10$　* $p<.05$

分析を行うこととした。平均年齢は21.43歳（19歳から43歳まで，$SD=3.84$）となった。ただし，ここでも2名については年齢が不詳であった。

GI尺度における第1項目を除いた7項目の合計得点と性別を説明変数，一人称への意味づけに関する各項目の得点を基準変数とする重回帰分析モデルを想定した。性別を説明変数とした理由は，日本語においては男女によって用いられる一人称が大きく異なっているため，両者における一人称の意味そのものが異なっているということが前提として考えられたためである。なお，各変数に関する基本統計量を表28に，重回帰分析の結果を表29にそれぞれ示した。

一人称への意味づけに関する各項目の得点を独立の基準変数とした重回帰分析の結果をみると，第2項目（愛着の程度に関する項目）においてのみGIの標準偏回帰係数が有意であった（$\beta=.288$，$p<.05$）。すなわち，これはある集団への同一視の程度が高まるほど，一人称に対する愛着が高まるという関係性を示している。また，第4項目（自分らしさの程度に関する項目）においてはGIの標準偏回帰係数が有意傾向となった（$\beta=.191$，$p<.10$）が，重相関係数Rは.227（$p>.10$）と低い値であったため，解釈は行わないこととした。

また，いずれの項目においても性別の有意な効果はみられなかった。

第4節　考　察

本章では，若者の社会的アイデンティティ確立の基盤となり得る集団への同一視の程度が，若者の若者らしさの表出としての一人称への意味づけに対して影響を及ぼすものであるか検討を行い，集団同一視の程度と若者らしさの表出との関連性を明らかにすることを目的としていた。以下においては，本結果について議論を行う。加えて，第1節でも述べたように，一人称への意味づけにみる若者の若者らしさの表出が，若者カテゴリへの同化や社会的アイデンティティの確立へと向かう上でどのような機能を持ち得るものであると示唆されるかについても論及することとする。

集団同一視と一人称への意味づけとの関連性

一人称への意味づけに関する各項目の得点を独立の基準変数とする重回帰分析を行ったところ，愛着の程度に対するGIの効果が有意となった。この結果からは，若者の社会的アイデンティティ確立の基盤となり得るような性質を備えている集団において，その集団に対する同一視を高く保っているほど用いる一人称への愛着もより強くなるという関係を見出すことができる。すなわち，この結果は，若者の社会的アイデンティティ確立の基盤となり得るような集団が，そこに位置する若者にとって認知的にどの程度内在化されたものであるかによって，若者らしさの表出が質的に左右されることを示すものといえるであろう。当該集団に対する同一視の程度の高い個人ほど，自分自身を指す人称詞である一人称への愛着，すなわち自分自身への肯定的・是認的なイメージを有しているという両者の関連性から，集団同一視の程度が若者の若者らしさをより肯定的・是認的な表出へと方向づけていく可能性をみることができるからである。

さらに，当該集団に対する同一視の程度の高い個人ほど自分自身への肯定的・是認的なイメージを有しているという関係がみられたということは，若者の自分らしさ・若者らしさをより肯定的・是認的に捉える傾向が，上記のような集団の上位概念である若者カテゴリへの同化やその後の社会的アイデンティティ確立のための源泉となる可能性をも示唆していよう。なぜならば，若者が同一視の対象となるような集団において自分らしさを表出していくことは，当該集団独自の行動のさらなる表出を引き起こし，その結果当該集団の上位概念である“カテゴリ”の成員間における差異性の最小化がもたらされることになる。このように，上記のような集団に所属する若者が，いずれはその上位カテゴリの成員らしくなるという一連の過程（若者カテゴリへの同化の過程）を辿ることが考えられるからである。さらに，カテゴリ成員間の差異性の最小化と表裏関係にある現象として，異なったカテゴリ間の差異性の最大化を引き起こし，その結果自己高揚が経験されることで，最終的に若者を肯定的な社会的アイデンティティの確立へと導くことになるという予想も成り立つからである（Billig & Tajfel，1973；Hogg，1992，2006；Hogg & Abrams，1990；Turner，1987）。

本章では，若者の社会的アイデンティティ確立の基盤となり得る集団への同一視の程度が，若者の若者らしさの表出としての一人称への意味づけに対して影響を及ぼすものであるか検討を行い，集団同一視の程度と若者らしさの表出との関連性についての明確化を試みた。その結果，上に示したように，若者の社会的アイデンティティ確立の基盤となり得るような集団において，その集団に対する同一視の程度が高い個人ほど一人称に対する愛着をより強く抱いているという様相が浮かび上がってきた。このことから，若者の社会的アイデンティティ確立の基盤となり得るような集団を，あたかも自分自身と一体であるかのように“自分自身の集団”として捉える傾向が，彼らの自分らしさ・若者らしさをより肯定的・是認的なものとして表出するように方向づけているのではないかと考えることができるであろう。言い換えれば，若者特有の行動とは，若者の位置する集団に依存した形で特徴づけられるものであると考えることができよう。

このように本章においては，一人称への意味づけとは若者の位置する集団に依存した形で生じる反応であることを示し，さらに，若者らしさの表出のあり方が，こうした集団の上位概念である若者カテゴリへの同化やその後の社会的アイデンティティ確立のための源泉となり得る可能性があることを示唆してきた。したがって本章における結果は，既述の枠組みに従って若者特有の行動の生起を理解することが可能であることを示すものであったと考える。これを前章第3節以降における結果と総合すると次のようになる。すなわち，若者特有の行動の生起を既述の枠組みに従って理解しようとするとき，若者特有の行動は，若者カテゴリへの同化やそうしたカテゴリにおける社会的アイデンティティ確立のために必要となる機能を内包するものであり，その機能の特徴づけられ方は当該カテゴリへの同一視の程度に依存する，ということが示唆されるのである。

今後の課題と展開

本章までにおいて，以下に示す点が未検討であった。すなわち，若者の若者カテゴリへの同化とは実際に生起し得る現象であるのか，また，若者の一人称への意味づけにみる若者らしさの表出は，若者カテゴリへの同化やその後の社会的アイデンティティ確立へと向かう上でどのような内的な特性を必要とするものであるのか，さらに，その同化過程に一人称への意味づけにみる個人の差異はどのように反映されるものであるのか，といった点に関してである。これらの点については，次章以降において詳細に検討をしていくこととする。

また，本章においては“若者”を社会的カテゴリのひとつとして捉えることを前提としていたため，その定義上若者に相当する年齢を厳密に想定することはしなかった。本章における調査対象者は，社会的カテゴリのひとつである若者カテゴリを適切に代表すると考えられる専門学校生であった。したがって，本章における結果にはクロノロジカルな側面が反映されていないことになるため，たとえば生物学的な年齢区分といったものも想定した上で同様の調査を実施するなど，本結果における“若者らしさ”の説明力を増していくための工夫が必要となるかもしれない。

また本章では，用いられる一人称の違いによる意味づけの相違については検討されなかった。これは，単に一人称が変化することに伴う意味づけの変化を予め想定していたわけではなかったことによる。しかしながら，前章では各一人称における一般的なイメージに差異が確認されていることから，今後は一人称の違いを変数として扱っていくことも必要となるかもしれない。

さらに，本章の結果において統計的に有意な効果が確認された点は，一人称への意味づけの第2項目におけるGIの効果のみであった（第4項目におけるGIの効果は有意傾向であった)。また，一人称への意味づけにおける相手との関係性の上での当該一人称の捉え方に関する側面については，詳細に検討することができなかった。これらの点に関しても，今後さらに調査対象を増やしたり理論の精緻化を試みるなど検討を重ねていく必要があろう。

引用文献

Billig, M., & Tajfel, H. (1973). Social categorization and similarity in intergroup behavior. *European Journal of Social Psychology*, **3**, 27–52.

Hogg, M. A. (1992). *The social Psychology of group cohesiveness : From attraction to social identity*. Herts : Harvester Wheatsheaf.
（廣田君美・藤澤等（監訳）(1994)．集団凝集性の社会心理学　北大路書房）

Hogg, M. A. (2006). Self-conceptual uncertainty and the lure of belonging. In R.Brown & D.Capozza (Eds.), *Social identities*. Hove and New York : Psychology Press. pp. 33–49.

Hogg, M. A., & Abrams, D. (1990). Social motivation, self-esteem and social identity. In D. Abrams & M. A. Hogg (Eds.), *Social identity theory : Constructive and critical advances*. Hemel Hempstead : Harvester Wheatsheaf. pp. 28–47.

Karasawa, M. (1991). Toward an assessment of social identity : The structure of group identification and its effects on in-group evaluations. *British Journal of Social Psychology*, **30**, 293–307.

大石千歳（2003）．社会的アイデンティティ理論による黒い羊効果の研究　風間書房

Turner, J. C. (1987). *Rediscovering the social group : A self-categorization theory*. Oxford : Blackwell.

注

12）本章は，「大和田智文・下斗米淳（2008）．若者らしさの表出としての一人称への意味づけ―集団に応じた意味づけの違い―　対人社会心理学研究，**8**，89–95.」として公刊された。

13）ここでは“集団”を，社会的カテゴリのひとつである若者カテゴリの下位概念として捉えている。具体的な集団は，後述の予備調査の時点では，“所属ゼミのメンバー”，“所属ボランティア団体のメンバー”，“所属サークル・県人会等のメンバー”，“同じクラスや同じ授業のメンバー”，“遊びや食事などをともにする仲間”，“高校・中学時代からの仲間，地元の仲間”，“バイト先・実習先のメンバー”，“趣味の仲間”および“家族”となっていた。なお第4章では，この“集団”を“社会的次元”と同義に用いていた。

14）ここでは一人称への意味づけが部分的にであれ若者カテゴリへの同化を規定し得

るものであると考え，この一人称への意味づけは個々の若者をそれぞれに異なった若者カテゴリへの同化へと方向づけていくための機能を有するものであると捉えていた。そこで，個々の若者が用いる，上記のような機能を有する一人称への意味づけのことを，ここでは機能的意味と定義していた。

15）第３章によると，若者として想定される年齢層はおおよそ10歳代中盤から20歳代中盤くらいまでの広い範囲を含むものであった。それに従い，本研究ではそのちょうど中間層辺りと考えられる専門学校の２年次生を調査対象とすることとした。ただし，本章では“専門学校生”という社会的カテゴリのみに注目したため，当該専門学校生の実年齢は考慮されていなかった。

16）筆者はのちに一人称への意味づけに関する各項目の得点について項目分析（G－P分析，I－T相関分析，等質性の検討）を実施している。その結果，第１，第２，第４，第５項目に関しては，その適切性が確認されていた（第３，第６項目については，I－T相関分析における相関係数と等質性の検討における α 係数がともに低いものであった）。そこで，本章での一人称への意味づけに関する得点に関連する分析においては，第１，第２，第４，第５項目のみを用いることとした。

17）この予備調査とは，学生生活を送る中で必要不可欠と想定されるような集団を自由記述にて尋ねるものであった。

第6章　若者カテゴリの知覚に伴って生じる若者カテゴリへの同化[18)]

第1節　問題と目的

これまでの章においては，若者の若者カテゴリへの同化[19)]が実際に存在することそのものを明らかにしていくことを意図してはいなかった。それは，第1章で述べた社会的アイデンティティ理論および自己カテゴリ化理論に従うと，同化は個人があるカテゴリ性を備えるようになる過程上に必然的に生じる現象として理論的に考えられてきたからである。すなわち，これらの理論に基づくと，若者は彼らが若者とは知覚しないようなカテゴリとの比較を通し，自らを若者カテゴリに位置づけていくという過程を想定できるのであった。このことは，言い換えれば，若者がいわば“非若者カテゴリ”では用いられることがないような彼らに独自な行動をとることにより，彼らの所属するカテゴリと他のカテゴリとの間にある差異性を最大化し，また同時に所属するカテゴリ成員間の差異性を最小化していくことによって，彼らに特有のカテゴリへと同化（すなわち，“若者らしさ”の表現の獲得）をしていくということであった。このことは，前章の結果からも示唆されていた。

しかしながら本研究は，“若者”を社会的比較の基盤となる社会的カテゴリのひとつとして捉えるという基礎理論に立つものであり，この立場から若者特有の行動の生起を理解しようとする枠組みが適切であることを保証するためには，若者の若者カテゴリへの同化が実際に生起し得るものであることを改めて実証しておくことが必要となる。

そこで本章においては，若者の若者カテゴリへの同化が実際に生起するものであることを明らかにすることを目的とし，以下の仮説に関する検討を行っていく。

仮説　若者カテゴリをより多く知覚することに伴って，若者カテゴリのプロトタイプ的行動の増加，すなわち若者カテゴリへの同化の生起がもたらされるだろう。

本章では上記仮説の検証のために，若者カテゴリの知覚（知覚，非知覚の２水準）を要因とする１要因参加者間計画を想定する。若者カテゴリの知覚の操作は，若者カテゴリを知覚可能なシナリオと知覚困難なシナリオの２種類を用意することによって行う。このシナリオは，後述の予備調査を経て作成されていた。また，若者特有の行動として妥当と考えられる項目を24項目抽出し，これらの項目を用いて，①シナリオ中の登場人物が若者カテゴリのプロトタイプ的行動をとる程度，②一般的な若者カテゴリのプロトタイプ的行動，③シナリオ中の登場人物の行動と調査対象者自身の行動との一致の程度，についてそれぞれ尋ねる。このうちの①と②より得られた得点から，若者カテゴリの知覚に関する指標（若者カテゴリのプロトタイプ性の知覚の程度）を，③より得られた得点から，若者カテゴリへの同化の生起の指標を求めることとする。具体的な手続きについては次節において詳述する。

第２節　方　法

本章では，上記仮説を検討することが目的となる。ここで前の２つの章の結果を振り返ると，若者カテゴリへの同化に対して，若者の用いる一人称への意味づけが異なった影響を及ぼす可能性があることや，若者の位置する集団の違いによって一人称への意味づけの程度が異なってくることが明らかにされていたのであった。このことから，若者カテゴリへの同化の前段階となる同カテゴリを知覚する段階においても，同化する主体が同化しようとするカテゴリの知覚手がかりとして一人称を用いている可能性が考えられよう。したがって本章では，この点の明確化を含めて実験を計画することが相応しいものと考える。

そこで，本章では若者カテゴリの知覚を確認するための手続きに，一人称の操作を用いることとする。具体的な操作については後の項で詳述する。

調査対象

本章においても“若者”を社会的カテゴリのひとつとして捉えることを前提

とするため，調査対象は社会的カテゴリのひとつである若者カテゴリを適切に代表するような対象である必要があった。そこで，本章においても大学学部生を調査対象とした。東京都内および神奈川県内の私立大学学部生計230名を対象に質問紙調査を実施した。授業時間を利用し，質問紙を一斉に配付した。

実験計画

若者カテゴリの知覚（知覚，非知覚の2水準）を要因とする1要因参加者間計画を想定した。この実験計画に基づき，以下のように質問紙を構成し質問紙調査を行った。

水準の操作に関する手続き

質問紙の冒頭において，ある大学のサークル合宿でサークル部員の2年生が1年生に対して話した内容[20]とされる自己紹介文が提示された。この自己紹介文は，読み手（調査対象者）が自己紹介をしている人物を読み手と同一カテゴリ（すなわち，若者カテゴリ）の人物であると知覚する（あるいは知覚しない）ための操作を目的として提示されたものであった。操作方法は，自己紹介文中の登場人物が用いる一人称を違えた自己紹介文を2種類用意し，どちらか一方の自己紹介文を記載した質問紙を調査対象者に均等かつ無作為になるよう配付するものであった。ただし，上記の操作を一人称によって行う場合，性別によって使用する一人称が大きく異なるという問題が生じてくる。そこで，この問題を解決するために，本章では男女ごとに自己紹介文を用意することとした。すなわち，本手続きにおいては，男女ごとにそれぞれ2水準が設けられたことになる。水準を設ける上での具体的手続きは，以下の通りであった。

“知覚”水準の手続き　第4章において示された通り，男性の若者においては“オレ”をもっとも標準的な一人称であると捉えていた。また女性の若者においては，自己の表現として相応しい一人称として“アタシ”を挙げた者がもっとも多かった。そこで，これら2つの一人称を若者カテゴリに当たる若者にとってもっともプロトタイプ的な一人称であると考え，読み手に対し同じ若者カテゴリの人物であると知覚させることを意図された人物が自己紹介文中で用いる一人称を，男性は“おれ”，女性は“あたし”とした。また表記方法は，音読などの点でもっとも平易であるひらがなとした。

“非知覚”水準の手続き　大和田・下斗米（2006）において，男性の若者ににおいて常用されることが非常に少ない一人称として“ウチ”，“ワタクシ”，“アタシ”，“ワシ”などがみられた（第4章参照）。一方，女性の若者においては，“ワタシ”，“アタシ”，“ウチ”，“自分の名前”などが比較的均等に用いられており，この他には使用頻度が皆無となる一人称として“ワタクシ”があった。そのため，これらの一人称は，若者カテゴリに当たる若者にとってプロトタイプ的な一人称から距離のある一人称であると考えられた。このうち，男性の用いる“ウチ”，“ワタクシ”，“アタシ”については女性も用いるものであるため，若者カテゴリに当たる男性の若者にとって，プロトタイプ的な一人称からもっとも距離のある男性的な一人称は“ワシ”であると考えた。そこで，読み手に対し同じ若者カテゴリの人物であると知覚させないことを意図された人物が自己紹介文中で用いる一人称を，男性は“わし”，女性は“わたくし”とした。また表記方法は，音読などの点でもっとも平易であるひらがなとした。

前項に示した一人称を含めたこれらの一人称を，本実験計画における若者カテゴリの知覚水準の操作に用いることとした。ただし，自己紹介文中の一人称のみを変化させると，自己紹介文の他の箇所に違和感が生じる場合があることが予備調査[21)]（2008年5月実施）により指摘されていたため，これらの点を解消するための工夫をあわせて行った。実際に提示された自己紹介文は表30として示した。

質問紙の構成

質問紙の冒頭において，上に述べた自己紹介文の提示を行い，続いてこの自己紹介文を一読した上での回答を要する質問項目がいくつか提示された。具体的な質問項目は以下の通りであった。

登場人物が若者カテゴリのプロトタイプ的行動をとる程度（質問1） 自己紹介文中に登場した人物が，若者カテゴリのプロトタイプ的行動をどの程度とると思うかについて尋ねた。評定項目の作成にあたり，第2章および第3章において見出されていた若者の高頻度行動形態群を構成していた各項目（すなわち，若者特有の行動と報告された行動のうち，高頻度であったもの。詳細は第2章および第3章を参照のこと）について2名の評定者が再び評定を行い，評定項目として妥当と考えられる24項目を抽出した（表31参照）。本章では，この24項目を若者カテゴリのプロトタイプ的行動を示す項目であるとし，24項目

表30　提示された自己紹介文

知覚水準（男性）
バドミントンサークル○○の山田太郎（仮名）です。俺（おれ）はバドミントンが好きでこのサークルに入っています。１年生のみんなもバドミントン好きですか？バドミントンサークル入るくらいだから嫌いじゃないっすよね，きっと。サークルでは，週に３回みんな集まって練習していて，おれは半分くらい参加してます。休まず来る人も結構いるけど，休む人もそれなりにいるかな…。ま，ここはそんなに厳しくもないしダラダラしてもいないし，マイペースで普通にやっていけるって感じです。このあいだ，おれの好きな△△のラケット買っちゃいました。すげ気に入ってんですけど金欠でヤバって感じです。これからよろしく！
知覚水準（女性）
バドミントンサークル○○の山田花江（仮名）です。あたしはバドミントンが好きでこのサークルに入っています。１年生のみんなもバドミントン好きですか？バドミントンサークル入るくらいだから嫌いじゃないっすよね，きっと。サークルでは，週に３回みんな集まって練習していて，あたしは半分くらい参加してます。休まず来る人も結構いるけど，休む人もそれなりにいるかな…。ま，ここはそんなに厳しくもないしダラダラしてもいないし，マイペースで普通にやっていけるって感じです。このあいだ，あたしの好きな△△のラケット買っちゃいました。すごい気に入ってんですけど金欠でヤバって感じです。これからよろしく！
非知覚水準（男性）
バドミントンサークル○○の山田太郎（仮名）です。儂（わし）はバドミントンが好きでこのサークルに入っています。１年生のみんなもバドミントンは好きですか？バドミントンサークルに入るくらいだから嫌いじゃないですよね，きっと。サークルでは，週に３回みんなが集まって練習していて，わしは半分くらい参加しています。休まず来る人も結構いるけれど，休む人もそれなりにいるかな…。ま，ここはそんなに厳しくもないしダラダラしてもいないし，マイペースで普通にやっていけるという感じです。このあいだ，わしの好きな△△のラケット買ってしまいました。たいそう気に入っているのですが金欠で失敗したという感じです。これからよろしく頼みます。
非知覚水準（女性）
バドミントンサークル○○の山田花江（仮名）です。私（わたくし）はバドミントンが好きでこのサークルに入っています。１年生のみんなもバドミントンは好きですか？バドミントンサークルに入るくらいだから嫌いじゃないですよね，きっと。サークルでは，週に３回みんなが集まって練習していて，わたくしは半分くらい参加しています。休まず来る人も結構いるけれど，休む人もそれなりにいるかな…。ま，ここはそんなに厳しくもないしダラダラしてもいないし，マイペースで普通にやっていけるという感じです。このあいだ，わたくしの好きな△△のラケット買ってしまいました。たいそう気に入っているのですが金欠で失敗したという感じです。これからよろしく頼みます。

表31　提示された質問項目

ていねいなことばをあまり使わない
流行を上手に取り入れようとする
年上の人に敬語を使わない
公のマナー・校則などを守らない
横一列になって歩く
公共の場所（電車やバスの中など）で大きな声で話す
つねにケイタイを操作している
単語の短縮をよく行う
おしゃれであろうと努力する
敬語はあえて使わない
人をかき分けて階段を昇る
ヘッドフォンの音漏れは気にしない
夜中でも大声で話す
メールの着信数を気にする
若者ことばを使う
洋服や化粧品などに金をかける
年上の人に対する礼儀を気にかけない
道で人とぶつかっても気にしない
スピードを出して自転車を運転する
ケイタイやネットに依存している
外見や容姿を気にする
大人に対しても友だちのように接する
電車やバスの中で飲食する
年上の人，初対面の人にもくだけた態度で接する

のそれぞれにつき“1（全くしない)”から“7（非常にする)”の7段階で評定させた。

一般的な若者カテゴリのプロトタイプ的行動の確認（質問2）　自己紹介文中に登場した人物が所属しているとされる大学における典型的な人物を一人イメージさせ，この人物が若者カテゴリのプロトタイプ的行動をどの程度とると思うかについて尋ねた。その際，上で用いた24項目からなる若者カテゴリのプロトタイプ的行動の項目を再提示し，この24項目のそれぞれにつき“1（全くしない)”から“7（非常にする)”の7段階で評定させた。この質問は，両水準における各質問項目（質問1から質問3）に対する回答の絶対的基準を定めるために設けられた。

登場人物の行動と調査対象者自身の行動との一致の程度（質問3）　調査対象者自身がこの登場人物と友人になったという想定の下で，この登場人物がとると想像される行動を調査対象者自身もとる可能性について尋ねた。その際，上で用いた24項目からなる若者カテゴリのプロトタイプ的行動の項目を再提示し，この24項目のそれぞれにつき，“1（全くないだろう）”から“7（非常にあるだろう）”の7段階で評定させた。ここで得られた得点から，若者カテゴリへの同化の生起の指標を求める。

操作チェック項目（質問4）　自己紹介文全体，ならびに水準操作のために用いられた自己紹介文中に登場する一人称が，本来の調査意図を的確に反映するものであったかを確認するための項目を設けた。具体的には，“Aさんは，現代の典型的な若者だと思う”，“Aさんは，本学の典型的な学生だと思う”，“私は，そんなAさんと似ていると思う”の3項目を設け，それぞれ“1（全くあてはまらない）”から“7（非常にあてはまる）”の7段階で評定させた。

人口統計学的変数　年齢，性別，所属，現在の居住地および出身地について尋ねた。

従属変数

“登場人物の行動と調査対象者自身の行動との一致の程度の高まり”を“若者カテゴリへの同化の生起”であるとし，この“同化の生起”を従属変数として用いた。すなわち，この一致の程度の高まりが（質問3が高得点であることが），“若者カテゴリのプロトタイプ的行動の増加”を意味するものであると想定した。

調査時期

2008年6月上旬であった。

有効回答

調査対象者全員より回答を得たが，このうち回答に欠損箇所が多く見受けられた2名を分析より除外したため，有効回答者は228名（男性79名，女性149名）となった。有効回答率は99.1%であった。有効回答者の平均年齢は18.85歳（18歳から22歳まで，$SD=0.96$）であった。なお，有効回答者のうちの1名については年齢が不詳であった。

第3節　結　果

本章では既述の通り性別によって異なった質問紙を用意していたが，本章の目的には性差の検討は含まれていないため，以下においては原則として男女を込みとして分析を行うこととする。

操作のチェック

まず，自己紹介文全体，ならびに自己紹介文中に登場する水準操作のために用いられた一人称が，本来の調査意図を的確に反映するものであったかを確認するための作業を行った。

上記の操作をチェックするための項目は，全部で3項目用意されていた。最初の項目は，回答者が自己紹介文中の登場人物を若者カテゴリの人物であると実際に知覚していたかに関するものであった。

第2項目は，より具体的なレベルで，この登場人物を回答者の所属大学の学生のプロトタイプであると知覚していたかに関するものであった。したがって，これらの2項目の評定得点は，“非知覚”水準よりも“知覚”水準において高くなっていることが必要とされた。

第3項目は，この登場人物を回答者自身とどの程度似ていると知覚できたかに関するものであった。同化とは，あるカテゴリへの自己カテゴリ化によって，当該カテゴリの他成員との差異性の最小化がもたらされ，その結果，当該カテゴリにおける自他の態度や行動が類似してくる現象のことである。ここでいう差異性の最小化とは，当該カテゴリの他成員との間に存在する心理的な隔たりを最小化する作業を含むものであるといえる。たとえば，回答者が登場人物と自身とを似ていると評定する程度が高ければ，回答者は登場人物のことを回答者と同一カテゴリにおける他成員として，両者間の差異性を小さく見積もっているということがいえる。したがって，当該カテゴリにおける自他の態度や行動の類似性を議論する上では，この心理的な差異性をまず確認しておく必要が生じるため，“若者カテゴリへの同化の生起”の指標となる得点に関する議論は，第3項目の評定結果を踏まえた上で行われなければならない。すなわちこの第3項目は，従属変数である同化の生起の指標となる得点の妥当性を保証するための項目としても機能するものとなる。ただし，理論的には，登場人物を回答者と同一カテゴリの人物と知覚せずともこの両者を似ていると評定する（他のカテゴリにおける類似した人物と評定する）ことも起こり得る。そこで，ここでは第1および第2項目において本手続きの操作意図と同方向性の有意差が水準間に認められることを確認した上で，第3項目においては非知覚水準の評定得点が知覚水準を有意に上回らなければ（他のカテゴリの人物が自身と似ていると評定される程度を少なくとも下回らない範囲で，同一カテゴリの人物が自身と似ていると評定されている限りは），上記の妥当性は保証されるものと考える[22]。

第1項目の評定得点　第1項目の評定得点について，水準間に差があるかを検討した結果，知覚水準において評定得点は有意に高かった（$t(186.67)=5.42$, $p<.001$）。したがって，知覚水準における登場人物は，非知覚水準における登場人物よりも有意に若者カテゴリの人物であると知覚されていた。

第2項目の評定得点　第2項目の評定得点について，水準間に差があるかを検討した結果，知覚水準において評定得点は有意に高くなる傾向にあった（$t(209.06)=1.33$, $p<.10$）。したがって，知覚水準における登場人物は，非知覚水準における登場人物よりも所属大学の学生のプロトタイプであると知覚されやすいことが確認された。

第3項目の評定得点　第3項目の評定得点について，水準間に差があるかを検討した結果，非知覚水準において評定得点が有意に高い結果となった（$t(204.23)=2.17$, $p<.05$）。そこで，さらに男女別に細分化し評定得点の有意差を検討することとした。まず，非知覚水準における性差を検討したところ，当該項目の評定得点は女性において有意に高い傾向にあった（$t(111)=1.83$, $p<.10$）。次に，知覚水準における性差を検討したところ，当該項目の評定得点に有意差はみられなかった（$t(113)=0.93$, $p>.10$）。そこで，次に男女別で評定得点に違いがみられるかを検討したところ，女性においてのみ非知覚水準の評定得点が知覚水準の評定得点を上回っていることが確認された（$t(136.54)=2.34$, $p<.05$）。このことから，非知覚水準の女性において，本操作によって調査意図を的確に反映することができなかった者が存在している可能性があると判断した。

上記のような者は，この第3項目を有意に高く評定していた者であることに

表32　水準ごとの各指標の平均値（SD）

指標＼水準	知覚（n＝115）	非知覚（n＝100）
操作チェック第１項目（再評価）	5.33（ 1.03）	4.13（1.64）
操作チェック第２項目（再評価）	3.95（ 1.25）	3.52（1.61）
操作チェック第３項目（再評価）	2.07（ 1.00）	2.10（1.07）
質問１の評定得点	4.84（ 0.67）	4.23（0.83）
質問２の評定得点	4.01（ 0.88）	4.21（0.82）
プロトタイプ性の知覚の程度	0.83（ 0.98）	0.02（1.05）
質問３の評定得点（素点）	3.22（ 0.80）	3.24（0.81）
若者カテゴリへの同化の生起	40.41（10.03）	38.42（9.59）

なるため，非知覚水準の女性のうち第３項目について，この項目の平均値2.59（非知覚水準の女性における）に１標準偏差1.32（非知覚水準の女性における）を加えた値である3.91よりも高い評定をしていた13名を，調査意図を的確に反映することができなかった者と仮定した。

以下においては，この13名を除外した上で改めて操作チェック項目の評定得点の再評価を行った。なお，各水準における再評価時の各平均値および標準偏差は表32に示した。

第１項目の評定得点の再評価　第１項目の評定得点について，水準間に差があるかを上記13名を除外の上再検討した結果，知覚水準において評定得点は有意に高かった（$t(162.02)=6.30$，$p<.001$）。したがってここでも，知覚水準における登場人物は，非知覚水準における登場人物よりも有意に若者カテゴリの人物であると知覚されることが確認された。

第２項目の評定得点の再評価　第２項目の評定得点について，水準間に差があるかを上記13名を除外の上再検討した結果，知覚水準において評定得点は有意に高くなった（$t(185.47)=2.15$，$p<.05$）。したがって，知覚水準における登場人物は，非知覚水準における登場人物よりも有意に所属大学の学生のプロトタイプであると知覚されることが確認された。

第３項目の評定得点の再評価　第３項目の評定得点について，水準間に差があるかを上記13名を除外の上再検討した結果，水準間に有意な差はみられなくなった（$t(213)=0.22$，$p>.10$）。念のため，さらに男女別に細分化し評定得点の有意差を検討することとした。まず，非知覚水準における性差を検討したところ，当該項目の評定得点は各水準において等しくなった。次に女性の中において評定得点に違いがみられるかを検討したところ，水準間に有意な差はみられなかった（$t(133.12)=0.21$，$p>.10$）。

以上の手続きを経て，上で除外した13名以外の回答者に対しては，自己紹介文全体，ならびに自己紹介文中に登場する水準操作のために用いられた一人称が，本来の調査意図を的確に反映するものであることが確認された。そこで以下の分析においても，上で除外した13名を除外の上で分析を行うこととする。この13名を除外した平均年齢は18.83歳（18歳から22歳まで，$SD=0.94$）となった。ただし，ここでも 1 名については年齢が不詳であった。

登場人物が備える若者カテゴリのプロトタイプ性の知覚の程度

登場人物が備える若者カテゴリのプロトタイプ性の知覚の程度に水準間で違いがみられるかを検討した。その際，登場人物が若者カテゴリのプロトタイプ的行動をとる程度（質問 1 ）と，一般的な若者カテゴリのプロトタイプ的行動（質問 2 ）の各評定得点の関係を用いることとした。

既述の通り，質問 2 は両水準における各質問項目（質問 1 から質問 3 ）に対する回答の絶対的基準を定めるために設けられたものであった。したがって質問 2 では，一般的な若者カテゴリのプロトタイプ的行動についての質問を行うことによって，両水準における質問内容が全く同一になるようになっていた。そこで質問 2 の評定得点に水準間で差がみられるかを検討したところ，非知覚水準において当該評定得点が有意に高い傾向にあることが確認された（$t(213)=1.75$，$p<.10$）。

ここで，質問 2 において水準間に有意な傾向差が生じたため，登場人物が備える若者カテゴリのプロトタイプ性の知覚の程度については，質問 1 の評定得点から質問 2 の評定得点を減じた差得点を指標として用いることとした。すなわち，この差得点が高いほど，登場人物の備える若者カテゴリのプロトタイプ性がより高く知覚されていたこととなる。各水準における各評定得点および差得点（登場人物が備える若者カテゴリのプロトタイプ性の知覚の程度。表の中では“プロトタイプ性の知覚の程度”と記載）の加算平均値および標準偏差は表32に示した。この差得点に水準間で差がみられるかを検討したところ，知覚水準において差得点が有意に高いことが確認された（$t(213)=5.90$，$p<.001$）。

さらに，質問 1 および質問 2 の評定得点間の相関を検討したところ，知覚水準においては弱い相関がみられたが（$r=.230$，$p<.05$），非知覚水準においてはほとんど相関はみられなかった（$r=.193$，$p<.10$）。このことは，知覚水準における登場人物は，一般的な若者カテゴリのプロトタイプ的行動によりいっそう整合した行動をとる人物であると捉えられていたことを示していよう。

すなわち，登場人物が備える若者カテゴリのプロトタイプ性の知覚の程度は，知覚水準において高いことが示された。加えて，知覚水準における登場人物は，一般的な若者カテゴリと行動的に整合した人物であると捉えられていたことも示された。

登場人物の行動と回答者自身の行動との一致の程度

登場人物の行動と回答者自身の行動との一致の程度（質問3の評定得点）の高まり（以下，“若者カテゴリへの同化の生起”と記載）が，若者カテゴリのプロトタイプ性の知覚の程度によって影響を受けるものであるか検討を行った。

既述の通り，両水準の各質問項目（質問1から質問3）に対する回答の絶対的基準として設けられた質問2の評定得点が，水準間で有意に異なる傾向にあったことから，その絶対的基準となる評定得点のズレが他の評定得点の水準間における均衡を崩している可能性を考慮する必要があった。そこで，質問2の評定得点を各水準において標準化することで同評定得点の水準間での平均値と標準偏差を等しくし，それにあわせて本項で扱う質問3の評定得点を修正することとした。

具体的には，まず質問2の評定得点（素点）を水準ごとに標準化することとした。標準化後の得点には，正負の符号を統一できる偏差得点を用いることとした。次に，この素点から偏差得点への変換率を水準内でデータごとに求め，ここから水準内の回答者全体における平均変換率を求めた。この平均変換率を修正係数とした。次に，本項で扱う質問3の評定得点（素点）を水準ごとにこの修正係数によって除し修正得点を求めた。

本章では，この修正得点を若者カテゴリへの同化の生起を示す指標として用いることとした。すなわち，この修正得点が高いほど，若者カテゴリのプロトタイプ的行動の増加（すなわち，若者カテゴリへの同化の生起）がもたらされたことを示している。各水準における評定得点（素点）および修正得点（若者カテゴリへの同化の生起を示す指標）の加算平均値および標準偏差は表32に示した。この修正得点に水準間で差がみられるかを検討したところ，知覚水準において修正得点が有意に高くなる傾向にあることが確認された（$t(213)=1.48$, $p<.10$）。

すなわち，若者カテゴリをより多く知覚することに伴って，若者カテゴリのプロトタイプ的行動の増加（すなわち，若者カテゴリへの同化の生起）がもたらされる傾向にあることが示された。本結果は有意傾向に留まったものの，社会的アイデンティティ理論および自己カテゴリ化理論から必然的に導かれる結果と同方向のものであったため，本章における仮説は弱いながらも支持されたものと考える。

第4節　考　察

本章では，“若者”を社会的比較の基盤となる社会的カテゴリのひとつとして捉える立場から若者特有の行動の生起を理解するという枠組みが適切であることを保証するため，若者の若者カテゴリへの同化が実際に生起するものであることを明らかにすることを目的とし，既述の仮説に関する検討を行った。この仮説とは，若者カテゴリをより多く知覚することに伴って，若者カテゴリのプロトタイプ的行動の増加，すなわち若者カテゴリへの同化の生起がもたらされるだろう，とするものであった。仮説を検討した結果，若者カテゴリをより多く知覚することに伴って若者カテゴリのプロトタイプ的行動の増加（すなわち，若者カテゴリへの同化の生起）がもたらされる傾向にあることが示され，仮説は弱いながらも支持されたのであった。以下においては，この結果に基づき考察を行う。

本章では上記のように，若者の若者カテゴリへの同化は，若者カテゴリを知覚することによって実際に生起し得る現象であることが弱いながらも確認された。社会的アイデンティティ理論および自己カテゴリ化理論に従うと，同化は個人があるカテゴリ性を備えるようになる過程上に必然的に生じる現象として理論的に考えられるものであった。またこのことは，前章の結果からも示唆されていた。前章の結果とは，若者らしさをより肯定的・是認的に表出しようとする傾向が，若者の社会的アイデンティティ確立の基盤となり得るような集団の上位概念である若者カテゴリへの同化やその後の社会的アイデンティティ確立のための源泉として機能している可能性を示すものであった。本章では，社会的アイデンティティ理論および自己カテゴリ化理論におけるこの“同化”という概念が，実際上起こり得る現象であることを弱いながらも実証的に確認することができた。したがって本章は，この点において意義のあるものであったと考える。

ただし，本章の結果は有意傾向に留まるものであったため，上記の解釈には慎重を要する。したがって，本章の結果が有意傾向に留まった原因と考えられる点についても，いくつか議論をしておく必要があろう。

まず，若者カテゴリの知覚水準の操作に関して，やや厳密性に欠ける点があったことが考えられる。操作チェックの項でも述べたように，本章では女性の一部において“わたくし”の操作が適切に反映されない場合があった。その理由として，“わたくし”を用いる人物を回答者が回答者自身と同一のカテゴリの人物と知覚しないような場合であっても，この人物を何らかの理由によって回答者自身と似ているように知覚されることが起こる可能性を挙げることができよう。たとえば，“わたくし”という語の持つポジティブなイメージに導かれて，回答者が登場人物と回答者自身とを過度に同一視してしまうような事態も想像の範囲であるといえる。さらに，登場人物の行動と回答者自身の行動との一致の程度を評定させる際，提示された評定項目がポジティブ方向，ネガティブ方向のいずれを示すものであるかによって，回答者の自己評価に揺れが生じる可能性があったことも考えられる。したがって，本評定項目を用いて，質問3の中で回答者自身の行動との一致をイメージさせることには，困難が伴う場合があったかもしれない。

よって，これらの操作に関する点については，今後よりいっそうの精緻化が望まれるところである。また，若者カテゴリへの同化については，次章において異なった手続きではあるが重ねて検討をしていくこととする。また次章以降において，前章の最後で未検討部分としていた点，すなわち，若者の一人称への意味づけにみる若者らしさの表出は，若者カテゴリへの同化やその後の社会的アイデンティティ確立へと向かう上でどのような内的な特性を必要とするものであるか，さらに，その同化過程に一人称への意味づけにみる個人の差異はどのように反映されるものであるか，といった点に関して検討していくこととする。

引用文献

大和田智文・下斗米淳(2006). 若者における一人称への意味づけに関する検討(1)―社会的アイデンティティ確立のための社会的カテゴリの選択をめぐって―　日本心理学会第70回大会発表論文集，136.

注

18) 本章は，「大和田智文・下斗米淳（2008). 若者における一人称への意味づけに関する検討（5)―若者カテゴリの知覚に伴って生じる若者カテゴリへの同化―　日本社会心理学会第49回大会発表論文集，470-471.」として発表された。

19) 同化とは，あるカテゴリへの自己カテゴリ化によって，当該カテゴリの他成員との差異性の最小化がもたらされ，その結果，当該カテゴリにおける自他の態度や行動が類似してくる（当該カテゴリのプロトタイプ性を備えるようになる）現象のことであった。

20) 後の項で示した通り，若者カテゴリに当たる若者にとってもっともプロトタイプ的な一人称は“オレ”や“アタシ”であると考えられた。しかしながらこれらの一人称は，目上の人物に対して用いることがためらわれるという共通点を持っていた(第4章参照)。一方，本章における水準の操作には，大学のサークル合宿における自己紹介場面を用いたが，自己紹介とは本来お互いに面識のない者同士の間で行われる行動であるため，サークル合宿であれば基本的には異学年（新入生と上級生）間でしか成り立たない行動であるといえる。したがって，水準の操作においてはこの2つの点を整合させる必要が生じるため，本章で用いた自己紹介文は2年生が1年生に対して話した内容であるとした。

21) この予備調査は，心理学専攻の大学学部3年次生，4年次生および大学院生を評定者として，自己紹介文全体ならびに自己紹介文中に登場する水準操作のために用いられる一人称が，本来の調査意図を的確に反映するものであるかを確認するために行われた。具体的な調査内容は，本調査で用いたものとほぼ同様の，男女別計4パターンの自己紹介文のいずれかひとつを提示し，本調査で用いた質問4と全く同様の3項目によってそれらを評定させるものであった。評定者は，各パターンにつき3名ずつ計12名であった（男性の知覚および非知覚水準の2パターンについては男性評定者，女性の知覚および非知覚水準の2パターンについては女性評定者であった)。その結果，男女込みで分析した場合，3項目すべてにおいて水準間に有意な差もしくは有意な傾向が認められた（すべて両側検定，$t(10)=8.37$，$p<.001$；

$t(10)=2.58$, $p<.05$; $t(10)=2.04$, $p<.10$)。また，3項目すべてにおいて同一水準内に男女差は認められなかった（$ps>.10$）。

22）第1および第2項目において本手続きの操作意図と同方向性の有意差が水準間に認められた上で，第3項目において非知覚水準の評定得点が知覚水準を上回ったような場合，非知覚水準において態度や行動の類似性がみられたとしても，それは当該カテゴリの他成員との差異性の最小化によってもたらされた類似性とは異なった機制によるものと考えられ，同化の定義と矛盾することとなる。

第7章　若者カテゴリへの同化に必要となる個人内の諸側面[23)]

第1節　問題と目的

ここでこれまでの結果を振り返ると，まず第4章および第5章では，若者特有の行動は，若者カテゴリへの同化やそうしたカテゴリにおける社会的アイデンティティ確立のために必要となる機能を内包するものであり，その機能の特徴づけられ方は当該カテゴリへの同一視の程度に依存する，ということが示唆されていた。第5章では，若者らしさをより肯定的・是認的に表出しようとする傾向が，若者の社会的アイデンティティ確立の基盤となり得るような集団の上位概念である若者カテゴリへの同化やその後の社会的アイデンティティ確立のための源泉として機能している可能性が示唆されていた。この点については，前章において，若者カテゴリを知覚することが若者の若者カテゴリへの同化を実際に引き起こしていることを弱いながらも示したことにより，社会的アイデンティティ理論および自己カテゴリ化理論におけるこの“同化”という概念が，実際上起こり得る現象であることを確認することができたと考える。

しかしながら，ここまでの結果からは，若者の一人称への意味づけにみる若者らしさの表出は，若者カテゴリへの同化やその後の社会的アイデンティティ確立へと向かう上でどのような内的な特性を必要とするものであるか，また，その同化過程に一人称への意味づけにみる個人の差異はどのように反映されるものであるか，こうした点については依然明らかにされてはいなかった。

そこで本章においては，若者の一人称への意味づけにみる若者らしさの表出は，若者カテゴリへの同化においてどのような内的な特性を必要とするものであるか検討していくこととする。

本研究は，若者が社会的アイデンティティを確立していく過程上に“若者カテゴリ”を選択し，そのカテゴリへと同化していく過程が存在するのではないかという仮定を置くものである。したがって，上記の検討課題に対して具体的には，そのような若者カテゴリへの同化に際し若者は彼ら自身に関するどのような側面を問題とするものなのか，言い換えれば，若者自身が若者カテゴリの一員となっていくために必要となる主体に関わる条件（個人内の特性）とは何であるかについて，探索的に明らかにしていくこととする。

本章においては，若者自身が若者カテゴリの一員となっていくために必要となる主体に関わる条件（個人内の特性）を見出すための手続きに，以下のような前提を置くこととする。まず，学生生活を送る中で必要不可欠と想定される集団（これらの集団は，第4章での手続きに用いたものと同様である）において，調査協力者自身が用いる一人称に対するイメージを評定させる。これを“若者カテゴリ顕現前におけるイメージ別評定得点”とする。次に，学生生活を送る中で必要不可欠と想定される集団に存在する，若者カテゴリには相当しないような人物をイメージさせ，この人物に対して使用するときにためらいを感じる一人称を尋ね，これらの一人称についてのイメージを評定させる。これを“若者カテゴリ顕現後におけるイメージ別評定得点”とする。また，若者カテゴリの顕現の操作は，当該各集団の構成員の年齢を尋ねることによって行うこととする。

Tajfel & Wilkes（1963）の行った実験によると，連続的に長さが変化する線分に対して，短い方の線分の群（カテゴリ）をA，長い方の線分の群をBとラベルづけした場合，A，B間における線分の長さの差がそれぞれのカテゴリ内における線分の長さの差よりも大きく推測されていた。すなわち上記実験の結果は，あるカテゴリに対してラベルづけを行うことが，当該カテゴリの持つ性質を強調し，一方で当該カテゴリとは相反する性質を持つカテゴリとの対比を生むことを意味している。このカテゴリの強調効果は社会的カテゴリにも応用され，自身の位置するカテゴリが他のカテゴリとは異なっていることをカテゴリ成員に対し強調する効果を持つ（すなわち，当該カテゴリ性の顕現と言い換えられる）という（Tajfel & Turner，1979）。

本章では，このような理由から，若者カテゴリを顕現するための操作として当該各集団における構成員の年齢を尋ねる（一種のラベルづけを行う）。ここでは年齢を意識させられることによる自己注目（Davis & Brock, 1975；Wicklund & Duval, 1971）を促し，自己の年齢と認知的に結びついていると考えられる自分自身の中の“若者”を活性化することで，若者カテゴリの顕現を操作することを意図している。

以上より，若者カテゴリの顕現前後における一人称のイメージ評定値の変動は，自己注目（Davis & Brock, 1975；Wicklund & Duval, 1971）が促されることによって新たに意識させられることとなる，自カテゴリ（若者カテゴリ）に向かって主体（若者）に内在化されていた主体に関するイメージの量を表すものと捉えることができよう。したがって，若者カテゴリの顕現の操作に伴う評定値の変動が意味するものは，若者カテゴリに自らを位置づけていく（若者カテゴリに同化をする）上で重要となる自身に関わるイメージであるといえる。すなわち，ここに自身に関わるイメージとして表されたものが，本章で捉えようと意図している，カテゴリに同化をしようとする際に必要となる主体に関わる条件であると言い換えることができるであろう。それゆえに，本章では，“若者カテゴリ顕現前におけるイメージ別評定得点”と“若者カテゴリ顕現後におけるイメージ別評定得点”との差得点を“若者カテゴリへの同化得点”として想定することとする。さらに具体的な手続きについては次節において述べる。

第2節　方　法

調査対象

神奈川県内の専門学校生（介護福祉専攻2年次生，103名）および埼玉県内の国立大学学部生（教養科目，41名）計144名を対象に質問紙調査を実施した。授業時間を利用し，質問紙を一斉に配付した。

質問紙構成

“集団×一人称マトリックス”に基づく一人称の使用状況（質問1）　第4章と同様に，学生生活を送る中で必要不可欠と想定される9個の集団群（“所属ゼミのメンバー”，“所属ボランティア団体のメンバー”，“所属サークル・県人会等のメンバー”，“同じクラスや同じ授業のメンバー”，“遊びや食事などをともにする仲間”，“高校・中学時代からの仲間，地元の仲間”，“バイト先・実習先のメンバー”，“趣味の仲間”および“家族”）と，若者が日頃主に用いる8個の一人称群(“ワタシ”，“アタシ”，“ウチ”，“オレ”，“ジブン”，“ボク”，“自分の名前等”および“その他”）の2軸を用いてマトリックス表を作成し，それぞれの集団において調査対象者自身が日頃使用する一人称について尋ねた。その際，該当する箇所にはすべて丸印を記入するよう求めた。

一人称に対するイメージ（質問2） 質問1で提示された“その他”を除く7種の一人称のそれぞれに対して抱くイメージについて，10個の形容詞対(“私的な—公的な”，“子どもっぽい—大人っぽい”，“粗野な—礼儀正しい”，“荒っぽい—丁寧な”，“うちとけた—よそよそしい”，“上品な—下品な”，“くだけた—あらたまった”，“まじめな—いいかげんな”，“カッコいい—カッコ悪い”および“主張の激しい—穏やかな”）を用いて，それぞれの形容詞対の尺度上にて4段階で評定させた(右側の形容詞にもっとも近い評定値が“4”であった)。上記の形容詞対は，第4章で採用されたものと同様であったが，本章では本指標を名義尺度に変換した上で分析を行うことにも配慮し4段階評定とした。ここで得られた得点が“若者カテゴリ顕現前におけるイメージ別評定得点”となる。

若者カテゴリ顕現後の“集団×一人称マトリックス”に基づく一人称の使用状況（質問3） 質問1で用いたマトリックス表を再提示し，使用にためらいを感じる一人称について尋ねた。ここでは若者カテゴリの顕現を操作することを目的とし，当該各集団の構成員の年齢について尋ねる項目を設けていた。なお，質問3においては，便宜上男女別に質問項目を作成していた。

若者カテゴリ顕現後の一人称に対するイメージ（質問4） 質問2で用いた10形容詞対を再提示し，7一人称のそれぞれに対して抱くイメージについて質問2と同様の4段階で評定させた(右側の形容詞にもっとも近い評定値が“4”であった)。その際，質問3で丸印をつけた集団の中にいる，若者ではないと感じるような人物を一人だけイメージさせ，その人物に対して用いる7一人称へのイメージについて評定させた。ここで得られた得点が“若者カテゴリ顕現後におけるイメージ別評定得点”となる。

人口統計学的変数 年齢，性別，所属，現在の居住地および出身地について尋ねた。

調査時期

2006年12月中旬であった。

有効回答

調査対象者のうち108名より回答を得たが，このうち若者カテゴリ顕現の操作に関する質問への回答に不備のあった2名を分析より除外したため，有効回答者は106名（男性57名，女性49名）となった。有効回答率は73.6%であった。有効回答者の平均年齢は20.84歳（18歳から58歳まで，*SD*＝5.80）であった。ただし，有効回答者のうちの2名については年齢が不詳であった。

第3節　結　果

本章における目的に即し，以下では主に質問2および質問4への回答から得られた結果について報告をすることとなる。

若者カテゴリへの同化得点

“若者カテゴリ顕現前におけるイメージ別評定得点”および“若者カテゴリ顕現後におけるイメージ別評定得点”を求める際，“上品な—下品な”と“まじめな—いいかげんな”の2形容詞対については逆転項目とした上で，10形容詞対につきもっともネガティブな方向（左方向）に評定がなされた場合に4点を，もっともポジティブな方向（右方向）に評定がなされた場合に1点を与えることとした（ただし，“カッコいい—カッコ悪い”については，もっともカッコいいと評定した場合に4点を与えた)。

第1節で述べたことの繰り返しとなるが，若者カテゴリの顕現前後における一人称のイメージ評定値の変動は，それが概ねプラス方向（上記でいえば左方向）への変動であれば，自己注目（Davis & Brock, 1975；Wicklund & Duval, 1971）が促されることによって新たに意識させられることとなる，自カテゴリ（若者カテゴリ）に向けて主体（若者）に内在化されていた主体に関するイメージの量を表すものと捉えることができる。すなわち，ここに自身に関わるイメージとして表されたものが，本章で捉えようと意図している，カテゴリに同化をしようとする際に必要となる主体に関わる条件であるといえる。そこで本章では，“若者カテゴリ顕現後におけるイメージ別評定得点”から“若

表33　若者カテゴリの顕現によるイメージ別評定得点平均値の変化（$n=106$）

指標＼顕現	顕現前（*SD*）	顕現後（*SD*）	同化得点（*SD*）
粗野	2.63（0.29）	2.60（0.34）	3.97（0.34）
荒っぽい	2.55（0.26）	2.56（0.30）	4.01（0.30）
子どもっぽい	2.87（0.25）	2.85（0.30）	3.98（0.33）
いいかげん	2.55（0.32）	2.58（0.30）	4.03（0.32）
下品	2.57（0.25）	2.61（0.28）	4.04（0.30）
うちとけ	2.87（0.35）	2.73（0.41）	3.86（0.34）
カッコいい	2.39（0.37）	2.22（0.36）	3.83（0.35）
私的	3.01（0.38）	2.94（0.36）	3.93（0.35）
主張の激しさ	2.54（0.40）	2.55（0.43）	4.00（0.37）
くだけ	2.82（0.30）	2.74（0.31）	3.92（0.34）

者カテゴリ顕現前におけるイメージ別評定得点”を減じ，さらに負の値を排除するためそれぞれに4点を加算した得点を“若者カテゴリへの同化得点”として想定することとする。また，この得点は10形容詞対における全一人称（7一人称）の加算平均値を算出したものとする。

なお，これらの指標に関する結果を表33に示した。

若者カテゴリへの同化得点の主成分分析

若者カテゴリへの同化得点について，その全体的な成分構造を把握するために主成分分析を実施した。初期固有値を1.0以上としたところ，3つの主成分が抽出された。そこでこの3主成分につきクォーティマックス回転を実施し，主成分負荷量が.50以上となった形容詞対からなる各主成分につき解釈を行うこととした。回転後の主成分行列を表34に示した。

第1主成分は，“荒っぽい”，“いいかげん”，“下品”，“子どもっぽい”および“粗野”（すべてネガティブ方向をもって記載，以下同様）を含む5形容詞対に対する負荷が大きいものであった。これらは，大まかであり，おざなりで洗練されていないといった自分自身に対するイメージを示すものと解釈し，“無造作”成分と命名した。

第2主成分は，“うちとけ”，“カッコいい”および“私的”を含む3形容詞対に対する負荷が大きいものであった。これらは，他者に対する心理的な親しみと，自分自身に対する言動の現代的好ましさといったともに肯定的イメージを示すものと解釈し，“自他是認”成分と命名した。

表34　若者カテゴリへの同化得点の主成分分析結果（n＝106）

	C1	C2	C3	共通性
第1主成分：				
無造作（α＝.787）				
粗野	**.809**	.094	－.240	.721
荒っぽい	**.767**	.188	－.116	.636
子どもっぽい	**.744**	.091	.063	.566
いいかげん	**.744**	－.125	.244	.628
下品	**.530**	.023	.377	.423
第2主成分：				
自他是認（α＝.457）				
うちとけ	.196	**.791**	－.077	.669
カッコいい	－.474	**.678**	－.090	.692
私的	.193	**.531**	.196	.358
第3主成分：				
非装飾				
主張の激しさ	.033	－.001	**.785**	.617
くだけ	.215	.494	**.562**	.607
回転後の負荷量二乗和（%）	29.774	16.790	12.609	59.173

第3主成分は，“くだけ”および“主張の激しさ”を含む2形容詞対に対する負荷が大きいものであった。これらは，他者に対して自分自身を飾らずに何でもいえるといったイメージを示すものと解釈し，“非装飾”成分と命名した。

以上のように，若者カテゴリへの同化得点は上に示された3つの成分より構成されていることが確認された。

“一人称×一人称へのイメージ”に関する分布の変動

若者カテゴリの顕現を操作することに伴いイメージ別評定得点が変動する際，その変動に特定の一人称による影響があるかを把握するため以下のような検討を行った。

まず，質問2で得られた評定得点につき，7一人称に相当する度数をx値，10形容詞対に対する反応がネガティブ方向を示すものであった場合（すなわち4点ないし3点が与えられた場合）それらの度数をy値としてクロス表を作成し，このクロス表をもとに双対尺度法を実施した。その結果，第2軸までにおいて累積寄与率が95.4%（第1軸，第2軸ともにp<.001）となったため，累積寄

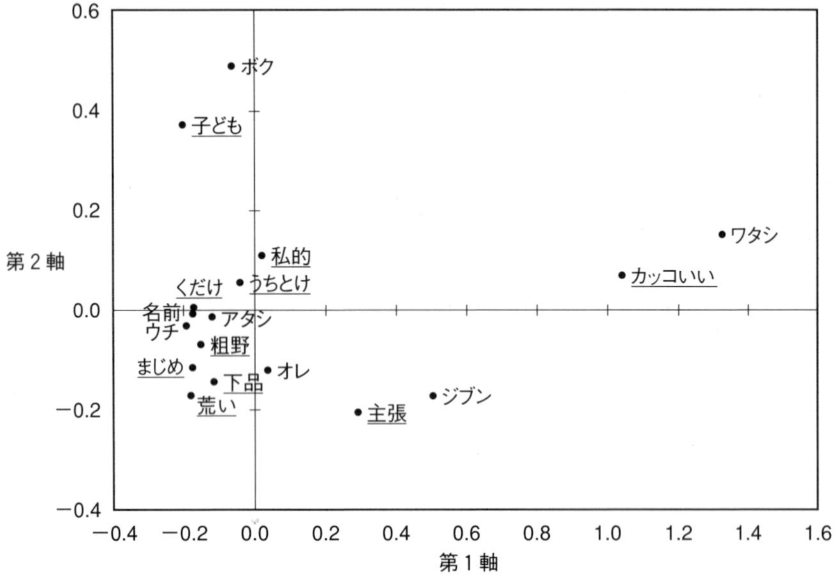

図10　一人称×イメージの相対尺度プロット（若者カテゴリ顕現前）(n = 106)

与率を軸の抽出の判断基準とし第2軸まで検討を行った。この2軸上にx値およびy値のそれぞれをプロットし，散布図を作成した（図10参照)。

同様に，質問4で得られた評定得点についても，7一人称に相当する度数をx値，10形容詞対に対するネガティブな反応の度数をy値としてクロス表を作成し，このクロス表をもとに双対尺度法を実施した。その結果，第2軸までにおいて累積寄与率が97.5%（第1軸，第2軸ともにp<.001）となったため，ここでも累積寄与率を軸の抽出の判断基準とし第2軸まで検討を行った。この2軸上にx値およびy値のそれぞれをプロットし，散布図を作成した（図11参照)。これら2つの散布図を比較してみると，それぞれのx値・y値間の関連にはほぼ同様の傾向がみられ，2散布図間に大きな違いはないことが確認された。

このことから，若者カテゴリの顕現を操作することに伴うイメージ別評定得点の変動に，ある特定の一人称が固有の影響を与えている可能性は低いものと考えられた。したがって，分布の変動が比較的安定しているという本結果によっても，既述の若者カテゴリへの同化得点が，一人称の種類によって大きく変

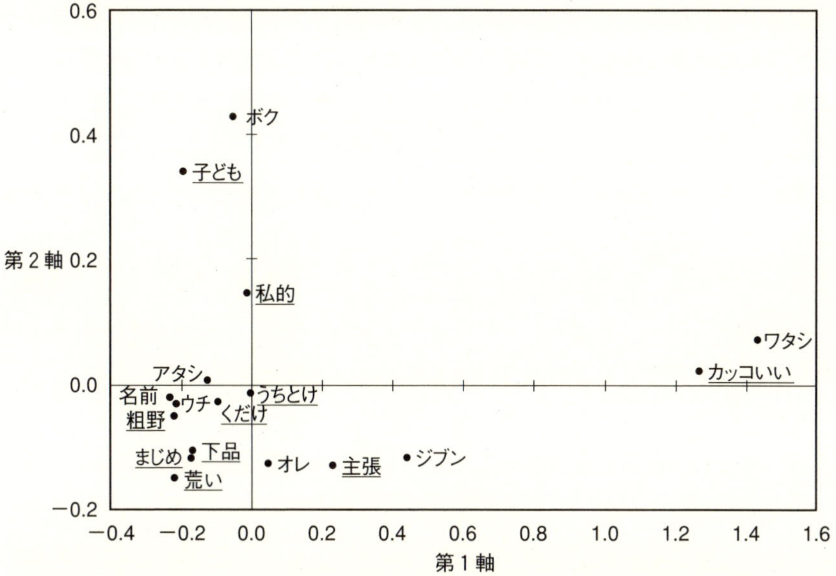

図11　一人称×イメージの相対尺度プロット（若者カテゴリ顕現後）（$n=106$）

動することのない比較的安定した成分構造を持っているのではないかと推測できる。

第４節　考　察

本章では，前章までにおいて明らかにされていなかった点，すなわち，若者カテゴリへの同化に際し若者は彼ら自身に関するどのような側面を問題とするものであるか検討を行った。

本研究は，若者が社会的アイデンティティを確立していく過程の中に“若者カテゴリ”を選択し，そのカテゴリへと同化をしていく過程が存在するのではないかと仮定するものであった。その上で，具体的には，若者自身が若者カテゴリの一員となっていくために必要となる主体に関わる条件（個人内の特性）とは何であるかを探索的に明らかにしてきた。結果として，大まかであり，おざなりで洗練されていないといった自分自身に対するイメージを有する“無造作”的側面，他者に対する心理的な親しみと，自分自身に対する言動の現代的好ましさといったともに肯定的イメージを有する“自他是認”的側面，他者に対して自分自身を飾らずに何でもいえるといったイメージを有する“非装飾”的側面から成る 3 側面が，若者カテゴリへの同化に必要な条件として見出された。

すなわち，この結果は，若者が上記のような条件を満たすとき，若者は若者カテゴリに同化することが可能になることを示すものと考えられる。したがって本章の結果は，若者が社会的アイデンティティを確立していくという過程上に“若者カテゴリ”を選択し，そのカテゴリへと同化していく過程が存在するという仮定を支持する方向性を持つものであったといえよう。

しかしながら本章においては，同化過程における一人称の使用にみる個人の差異，すなわち個々の若者が一人称に対してどのような意味づけを行っているか，その相違によって，同化に必要となる条件がどのように異なってくるかという点については未検討であった。したがって，この点については次章において検討を加えていくこととする。

引用文献

Davis, D., & Brock, T. C. (1975). Use of first person pronouns as a function of increased objective self-awareness and performance feedback. *Journal of Experimental Social Psychology*, **11**, 381–388.

Tajfel, H., & Turner, J. C. (1979). An integrative theory of intergroup conflict. In W. G. Austin & S. Worchel (Eds.), *The social psychology of intergroup relations*. Monterey, CA : Brooks-Cole. pp. 33–47.

Tajfel, H., & Wilkes, A. L. (1963). Classification and quantitative judgement. *British Journal of Psychology*, **54**, 101–114.

Wicklund, R. A., & Duval, S. (1971). Opinion change and performance facilitation as a result of objective self-awareness. *Journal of Experimental Social Psychology*, **7**, 319–342.

注

23) 本章は，「大和田智文（2009）．若者カテゴリへの同化に必要となる個人内の諸側面　専修総合科学研究，**17**，243–256.」として公刊された。

第8章　一人称の機能的意味より生じる自己イメージが，若者カテゴリへの同化に必要となる諸側面に及ぼす影響[24)]

第1節　問題と目的

すでに述べた通りであるが，前章では，個々の若者が一人称に対してどのような意味づけを行っているか，その相違によって，同化に必要となる条件がどのように異なってくるかという，個人の差異については明らかにされていなかったため，本章ではこの点についての検討を行っていくこととなる。

これまで第4章では，一人称の使用の様相としての8個のパターンごとに特徴ある機能的意味があることが確認されたことから，個々の若者の一人称への意味づけに違いが生じることによって，若者はそれぞれに異なった若者カテゴリへと同化していくよう方向づけられる可能性が示唆されていた。

そこで本章では，上記の検討課題に対して具体的には，第4章で見出された一人称の機能的意味が前章で見出された若者カテゴリへの同化に必要な諸側面に対しどのように影響しているか，この点について明らかにしていくこととする。そして本章までの検討によって，一人称が個々の若者の若者カテゴリへの同化のために果たす機能・役割を明らかにしていく。

これまで述べてきた通り，一人称の機能的意味とは個々の若者の位置する集団に依存した形で8パターンに弁別できるものであったが，より一般的にいえば，人はある特定の集団において特定の自己概念が活性化されるとこの自己概念と対応する自己イメージを作り出そうとするものであるという（Turner，1987）。したがって，第4章で見出された若者の位置する集団に依存した形で弁別可能なこの8パターンにも，それぞれに対応した自己イメージが作り出されることを仮定することができよう。なぜならば，この機能的意味は既述の通り若者自身の（自己概念とほぼ同義といえる）アイデンティティの一部を成すものであると考えられ，それが若者の位置する集団に依存した形で弁別可能なパターンを有するからである。したがって本章では，若者カテゴリへの同化に必要な諸側面に対して影響を及ぼすであろう“一人称の機能的意味”を，“一人称によってもたらされる自己イメージ”として操作的に定義することとする。

なお，“一人称によってもたらされる自己イメージ”は，“‘学生生活を送る中で必要不可欠と想定される集団’×‘日頃主に用いる一人称’マトリックスに基づく一人称の使用状況”から得られる複数の回答パターンによって求めることとする。これは，一人称の使用の様相を求めるために第4章で用いた手続きとほぼ同様である。また，若者カテゴリの顕現の操作に関する前提条件については，前章第1節を参照されたい。

第2節　方　法

調査対象

神奈川県内の専門学校生（介護福祉専攻2年次生，103名）および埼玉県内の国立大学学部生（教養科目，41名）計144名を対象に質問紙調査を実施した。授業時間を利用し，質問紙を一斉に配付した。

質問紙構成

“集団×一人称マトリックス”に基づく一人称の使用状況（質問1）　第4章と同様に，学生生活を送る中で必要不可欠と想定される9個の集団群（“所属ゼミのメンバー”，“所属ボランティア団体のメンバー”，“所属サークル・県人会等のメンバー”，“同じクラスや同じ授業のメンバー”，“遊びや食事などをともにする仲間”，“高校・中学時代からの仲間，地元の仲間”，“バイト先・実習先のメンバー”，“趣味の仲間”および“家族”）と，若者が日頃主に用いる8個の一人称群（“ワタシ”，“アタシ”，“ウチ”，“オレ”，“ジブン”，“ボク”，“自分の名前等”および“その他”）の2軸を用いてマトリックス表を作成し，それぞれの集団において調査対象者自身が日頃使用する一人称について尋ねた。その際，該当する箇所にはすべて丸印を記入するよう求めた。

一人称に対するイメージ（質問２）　質問１で提示された“その他”を除く７種の一人称のそれぞれに対して抱くイメージについて，10個の形容詞対（“私的な－公的な”，“子どもっぽい－大人っぽい”，“粗野な－礼儀正しい”，“荒っぽい－丁寧な”，“うちとけた－よそよそしい”，“上品な－下品な”，“くだけた－あらたまった”，“まじめな－いいかげんな”，“カッコいい－カッコ悪い”および“主張の激しい－穏やかな”）を用いて，それぞれの形容詞対の尺度上にて４段階で評定させた（右側の形容詞にもっとも近い評定値が“４”であった）。上記の形容詞対は，第４章で採用されたものと同様であったが，本章では本指標を名義尺度に変換した上で分析を行うことにも配慮し４段階評定とした。

若者カテゴリ顕現後の“集団×一人称マトリックス”に基づく一人称の使用状況（質問３）　質問１で用いたマトリックス表を再提示し，使用にためらいを感じる一人称について尋ねた。ここでは若者カテゴリの顕現を操作することを目的とし，当該集団の構成員の年齢について尋ねる項目を設けていた。また，質問３においては，便宜上男女別に質問項目を作成していた。

若者カテゴリ顕現後の一人称に対するイメージ（質問４）　質問２で用いた10形容詞対を再提示し，７一人称のそれぞれに対して抱くイメージについて質問２と同様の４段階で評定させた（右側の形容詞にもっとも近い評定値が“４”であった）。その際，質問３で丸印をつけた集団の中にいる，若者ではないと感じるような人物を一人だけイメージさせ，その人物に対して用いる７一人称へのイメージについて評定させた。

人口統計学的変数　年齢，性別，所属，現在の居住地および出身地について尋ねた。

調査時期

2006年12月中旬であった。

有効回答

調査対象者のうち108名より回答を得たが，このうち若者カテゴリ顕現の操作に関する質問への回答に不備のあった２名を分析より除外したため，有効回答者は106名（男性57名，女性49名）となった。有効回答率は73.6%であった。

有効回答者の平均年齢は20.84歳（18歳から58歳まで，$SD=5.80$）であった。ただし，有効回答者のうちの２名については年齢が不詳であった。

第3節　結　果

本章において，使用する一人称によってもたらされる自己イメージについては，第４章で示された結果をもとに再分類を試みた。また，若者カテゴリへの同化に必要な諸側面については，前章に示したような３側面が確認されていたためこの結果を利用することとした。

一人称によってもたらされる自己イメージ

“集団×一人称マトリックス”に関するパターン分析（積極的使用）　質問１において提示されたマトリックス表につき，当該表に記入された丸印のパターンをもとに，８個の一人称群をｘ値，９個の集団群をｙ値として男女別にクロス表を作成し，さらにこのクロス表をもとに男女別に双対尺度法を実施した。男女別とした理由は，一人称の使用パターンが男女により大きく異なっていることが第４章において明らかになっていたためである。また，男女それぞれにおいて，丸印の合計度数が10に満たない一人称は，当該の性において使用される機会が極めて低いものと判断し分析から除外した。そのため，ｘ値として用いた一人称群は，男性においては“ワタシ”，“オレ”，“ジブン”および“ボク”の４個，女性においては，“ワタシ”，“アタシ”，“ウチ”，“自分の名前等”および“ジブン”の５個となった。相対尺度法を用いた分析の結果，男性では第２軸までにおいて累積寄与率が99.5%（第１軸，$p<.001$；第２軸，$P>.10$），女性では95.6%（第１軸，$p<.001$；第２軸，$P>.10$）となったため，累積寄与率を軸の抽出の判断基準として用いることは必ずしも適切ではないものと考えられた。しかし，ここで男女ともに“私的－公的（公私）”および“粗雑－丁寧（丁寧さ）”という次元が認められたため，この第２軸までを用いて検討することとした。この２軸上にｘ値およびｙ値のそれぞれをプロットし，男女別に散布図を作成した（図12および図13参照）。

次いで，双対尺度法の結果をもとに記入された丸印のパターンについて男女別に分析を行った。その結果，第４章の結果を踏まえた上で，男性においては，“オレ単一使用型”，“オレ・ジブン併用型”，“オレ・ボク併用型”および“ボ

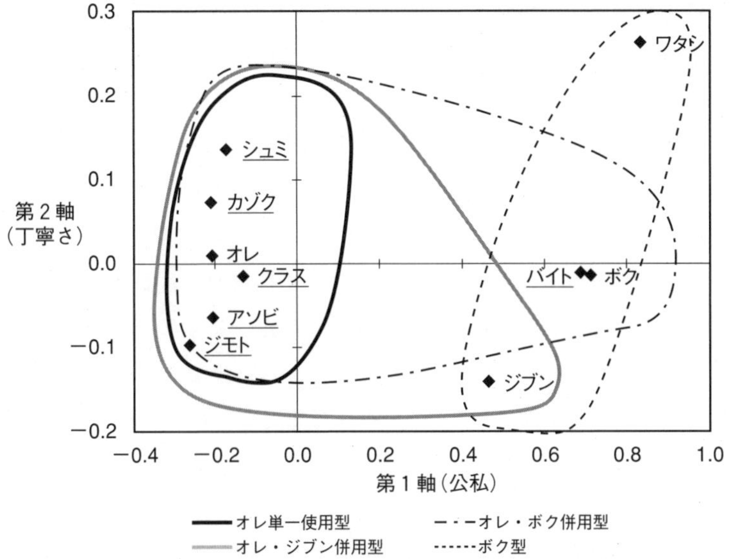

図12　一人称×集団の双対尺度プロット（男性，カテゴリ顕現前）（$n=57$）

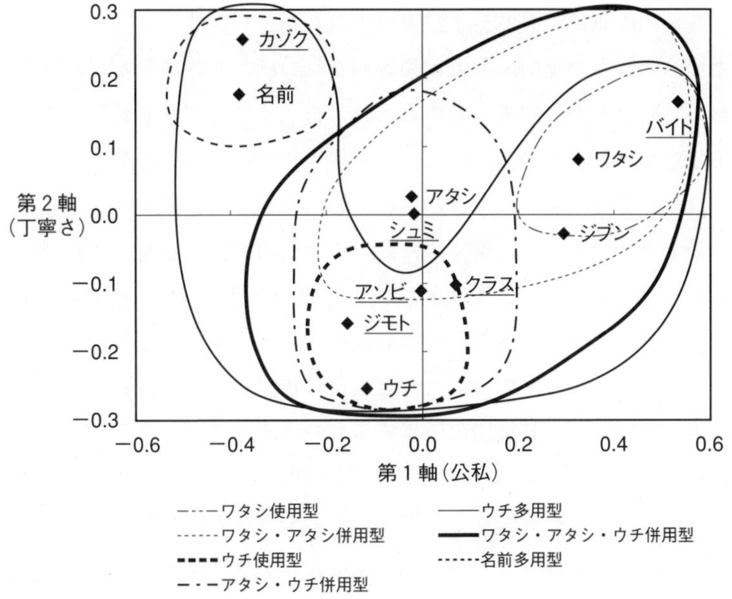

図13　一人称×集団の双対尺度プロット（女性，カテゴリ顕現前）（$n=49$）

ク型”の4パターンに解釈することが可能と考えられた。第4章では，“オレ単一使用型”，“オレ・ジブン併用型”，“オレ多用型”および“ボク多用型”の4パターンが確認されていた。ここで，今回新たにみられた“オレ・ボク併用型”を第4章における“オレ多用型”に相当するものと捉えれば，これら2つの調査においてほぼ一貫した結果が得られたといえよう。一方女性においては，“ワタシ使用型”，“ワタシ・アタシ併用型”，“ウチ使用型”，“アタシ・ウチ併用型”，“ウチ多用型”，“ワタシ・アタシ・ウチ併用型”および“名前多用型”の7パターンに解釈することが可能と考えられた。第4章から大きく異なる点は，“ウチ”の使用頻度の高さと他の一人称との組合せによる使用形態の多様さであるが，第4章では“ウチ”を主として使用するものを単に“ウチ使用型”と一括りにしていたため，今回の調査ではこの点についてさらに詳述できたものと判断してよいであろう。また，“名前多用型”も今回新たにみられたパターンではあるが，第4章の半構造化面接においては“名前”に関する記入がない場合でもそれに関する報告が比較的多数みられたため，この点についてもおおよそ一貫した結果が得られたと考えてよいであろう。それぞれのパターンにおける人数の内訳は，表35および表36に示した。

ここで，これらの集団×一人称の各パターンは，ある特定の一人称をある集団において用いる際に個人にもたらされる自己イメージを示すものであることが，第4章やこれまでの議論によって確認されていた。したがって，異なるパターンはそれぞれに個人における異なった自己イメージを示すものと捉えることが可能である。ただし，第4章においては日頃所属する集団において“好んで用いる（言い換えれば，積極的に使用したいと感じる）”一人称のみを扱っていたが，若者カテゴリへの同化の過程について，少なくとも一人称の使用という角度から検証する上では，これとは逆の状況を考える必要もあろう。すなわち，第4章では，同じ集団に所属するものはすべて同一のカテゴリ性（たとえば若者カテゴリ性）を備えていることを前提としていた。しかしながら，当該集団内にカテゴリを異にすると捉えられるような人物が存在する場合に生じるであろうカテゴリ性もまた，上記と同様のカテゴリ性として理解することが妥当といえるのであろうか。たとえば，このカテゴリ性を異にする人物の存在を手がかりとして生じる異質性（の共存）の認知（以下，“異カテゴリ性の顕現”と記載）を経た先に，類似したカテゴリへの同化が生じてくるような可能性が考えられるならば，こうした点も考慮しなければならないことになる。

そこで本章では，この異カテゴリ性の顕現によって使用にためらいを感じる（言い換えれば，積極的に使用を控えたいと感じる）ようになる一人称を報告させ，一人称によってもたらされる自己イメージを，それらを“積極的に使用する場合”および“積極的に使用しない場合”の両面から把握することによって，上記の点も考慮に入れた検討を行うこととする。その際，“積極的使用”と“積極的不使用”の間に特徴的な差異がみられなければ，それを異カテゴリ性の顕現に関連した自己イメージの変化を示すものと想定する。

異カテゴリ性の顕現に伴う“集団×一人称パターン”の変化（積極的不使用）

質問3において提示されたマトリックス表につき，当該表に記入された丸印のパターンを男女別に分析した。本章では，このパターン分析の結果が，積極的使用に関するパターン分析によって得られた結果と異なっているかを検討することで，異カテゴリ性の顕現に伴う自己イメージの変化を把握することができるものと考えた。

以下に，パターン分析の結果，パターンに変化が生じなかった者（積極的使用と積極的不使用の一人称の間にズレが無いか極めて少ない者，すなわち，異カテゴリ性の顕現に伴い自己イメージに変化を示した者）の数を示す。男性では，“オレ単一使用型”19名中11名，“オレ・ジブン併用型”15名中5名，“オレ・ボク併用型”16名中8名，および“ボク型”7名中0名であった。女性では，全体（49名）で9名のみであった。

変化が生じない割合は，男性の方が女性よりも有意に高く（片側検定，直接確率，$p<.05$），また男性におけるその数は，“ボク型”よりも“オレ単一使用型”において有意に多かった（$\chi^2(3)=11.00$，$p<.05$，ライアンの名義水準を用いた多重比較の結果$p<.01$）。

以上より，本章では，一人称によってもたらされる自己イメージを，男性においては“オレ単一使用，非変化型”，“オレ単一使用，変化型”，“オレ・ジブン併用，非変化型”，“オレ・ジブン併用，変化型”，“オレ・ボク併用，非変化型”，“オレ・ボク併用，変化型”および“ボク，変化型”の7パターンとして，女性においては非変化型の割合が少数であったため，既述の“ワタシ使用型”，

表35　男性における自己イメージごとの各主成分得点の平均値（$n=57$）

得点＼パターン	パターン							男性加算平均 (SD)
	オレ，非変化 ($n=11$)(SD)	オレ，変化 ($n=8$)(SD)	オレ·ジブン，非変化 ($n=5$)(SD)	オレ·ジブン，変化 ($n=10$)(SD)	オレ·ボク，非変化 ($n=8$)(SD)	オレ·ボク，変化 ($n=8$)(SD)	ボク·変化 ($n=7$)(SD)	
無造作成分	3.95(.25)	3.99(.21)	4.05(.18)	4.06(.22)	4.04(.11)	3.97(.23)	4.09(.26)	3.99(.22)
自他是認成分	3.95(.18)	3.91(.26)	3.70(.34)	4.02(.26)	3.87(.34)	3.82(.14)	3.87(.22)	3.89(.25)
非装飾成分	4.05(.18)	4.10(.47)	4.31(.39)	3.96(.28)	3.87(.12)	3.96(.19)	3.86(.16)	4.00(.29)

表36　女性における自己イメージごとの各主成分得点の平均値（$n=49$）

得点＼パターン	パターン							女性加算平均 (SD)
	ワタシ ($n=10$)(SD)	ワタシ·アタシ ($n=6$)(SD)	ウチ ($n=8$)(SD)	アタシ·ウチ ($n=6$)(SD)	ウチ多様 ($n=7$)(SD)	ワタシ·アタシ ウチ ($n=5$)(SD)	名前 ($n=7$)(SD)	
無造作成分	3.89(.33)	4.06(.11)	3.99(.30)	4.14(.24)	4.13(.22)	4.13(.15)	3.93(.21)	4.02(.25)
自他是認成分	3.80(.24)	3.79(.16)	3.90(.31)	3.87(.33)	3.82(.11)	3.94(.15)	3.86(.19)	3.85(.22)
非装飾成分	3.77(.37)	3.92(.14)	3.96(.30)	4.08(.26)	3.83(.18)	3.91(.09)	3.99(.20)	3.91(.26)

“ワタシ・アタシ併用型”，“ウチ使用型”，“アタシ・ウチ併用型”，“ウチ多用型”，“ワタシ・アタシ・ウチ併用型”および“名前多用型”の7パターンのまとまとして想定することとした。

若者カテゴリへの同化に必要な諸側面への影響

前章で明らかにされた若者カテゴリへの同化に必要となる3つの側面は，上に記した一人称によってもたらされる自己イメージによって影響を受けるものであるか検討を行った。

“無造作，“自他是認”および“非装飾”からなる各主成分得点を指標とし，上記の自己イメージを要因とする一元配置の分散分析を男女別に行った。これらの基本統計量を表35，表36および図14，図15として示した。

まず男性では，非装飾得点において自己イメージの主効果が有意な傾向を示した（$F(6,50)=2.05$，$p<.10$）。多重比較としてMann-WhitneyのU検定を実施したところ，“オレ単一使用，非変化型”および“オレ・ジブン併用，非変化型”では，ともに“オレ・ボク併用，非変化型”および“ボク，変化型”よりも非装飾得点が有意に高かった（すべて両側検定，$ps<.05$）。無造作得点および自他是認得点については有意な差はみられなかった（$F(6,50)=0.45$，$p>.10$；$F(6,50)=1.18$，$p>.10$）。なお，ここでは非装飾得点に等分散性が

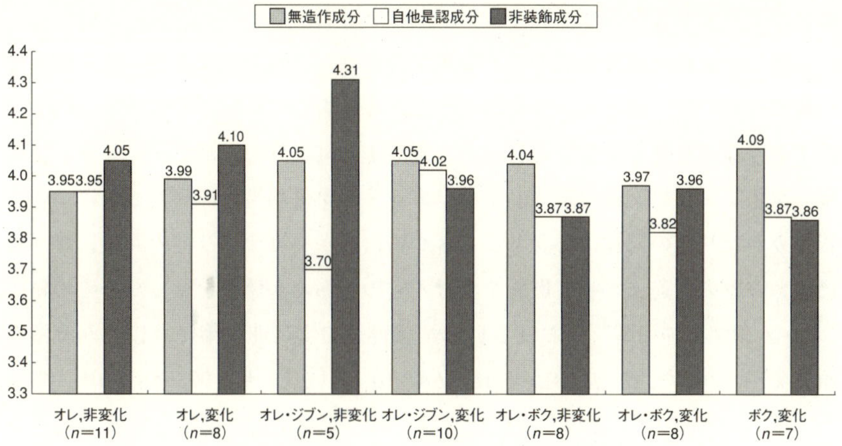

図14　男性における自己イメージごとの各主成分得点（$n=57$）

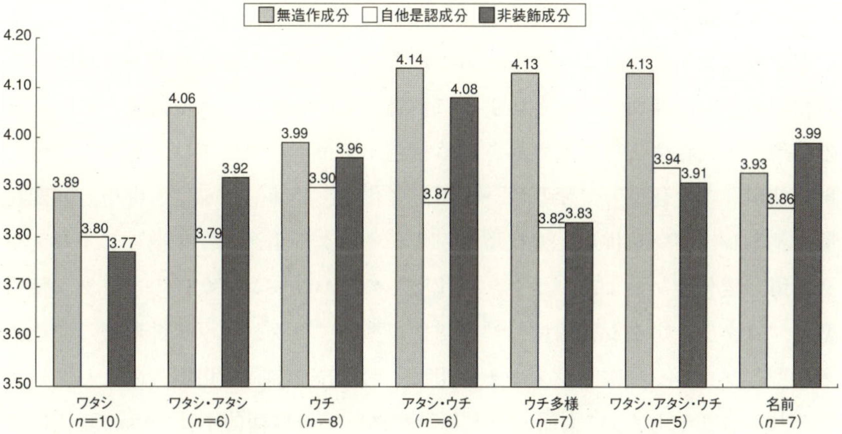

図15　女性における自己イメージごとの各主成分得点（$n=49$）

仮定されなかった（$F(6,50)=2.60$，$p<.05$）ため，多重比較としてMann-WhitneyのU検定を実施した。

また女性についても同様の検証を行ったが，ここでは有意な差はみられなかった（$F(6,42)=1.23$，$p>.10$；$F(6,42)=0.37$，$p>.10$；$F(6,42)=1.24$，$p>.10$）。

女性については有意な差がみられなかったため，次に男女間で各得点に差があるかを検証し，性別による傾向を確認することとした。その結果，非装飾得点にのみ有意な傾向がみられた（$F(1,104)=3.02$，$p<.10$）。すなわち，男性

は女性よりも非装飾得点が高くなる傾向にあった。

男性の非装飾得点に上記のような差がみられ，また男性は女性よりも総じて非装飾得点が高くなる傾向にあったことから，男性についてのみさらに以下に示すような細分化した検証を行った。質問1の結果分類された“オレ単一使用型”，“オレ・ジブン併用型”および“オレ・ボク併用型”のそれぞれについて，若者カテゴリへの同化に必要となる3つの側面が異カテゴリ性の顕現に伴う自己イメージの相違によって影響を受けるものであるか確認を行った。その結果，“オレ・ジブン併用型”における自他是認得点および非装飾得点にのみ有意な傾向がみられた（$F(1,13)=4.18$，$p<.10$；$F(1,13)=4.07$，$p<.10$）。すなわち，“オレ・ジブン併用，変化型”は“同，非変化型”よりも自他是認得点が，“オレ・ジブン併用，非変化型”は“同，変化型”よりも非装飾得点がそれぞれ高くなる傾向にあった。

本章では，一人称によってもたらされる自己イメージが，若者カテゴリへの同化に必要な諸側面に対しどのように影響しているかにつき検討を行った。その結果，一人称によってもたらされる自己イメージについては，男性の“オレ単一使用，非変化型”，“オレ単一使用，変化型”，“オレ・ジブン併用，非変化型”，“オレ・ジブン併用，変化型”，“オレ・ボク併用，非変化型”，“オレ・ボク併用，変化型”および“ボク，変化型”の7パターン，女性の“ワタシ使用型”，“ワタシ・アタシ併用型”，“ウチ使用型”，“アタシ・ウチ併用型”，“ウチ多用型”，“ワタシ・アタシ・ウチ併用型”および“名前多用型”の7パターンをそれぞれ想定した。“集団×一人称”パターンの積極的不使用への変化については，この変化が生じない割合は男性の方が女性よりも有意に高く，また男性におけるその数は，“ボク型”よりも“オレ単一使用型”において有意に多いことが確かめられた。若者カテゴリへの同化に必要な諸側面への影響については，男性では，“オレ単一使用，非変化型”および“オレ・ジブン併用，非変化型”は“オレ・ボク併用，非変化型”および“ボク，変化型”よりも非装飾得点が有意に高く，“オレ・ジブン併用，変化型”は“同，非変化型”よりも自他是認得点が，“オレ・ジブン併用，非変化型”は“同，変化型”よりも非装飾得点がそれぞれ高くなる傾向にあった。また，男性は女性よりも非装飾得点が高くなる傾向にあった。

第4節　考　察

本章では，既述のように，一人称によってもたらされる自己イメージが若者カテゴリへの同化に必要な諸側面に対しどのように影響しているか検討を行った。以下において，それぞれの結果について議論を行う。加えて，今後の課題と展望として，若者カテゴリへの同化のあり方が当該カテゴリにおけるアイデンティティ確立のためにどのような機能・役割を果たすと示唆されるかについても論及することとする。

一人称によってもたらされる自己イメージ

自己イメージについては，男性・女性ともに7パターンが見出されており，このことは既述の通り第4章における結果とほぼ一貫するものであると考えられた。

“集団×一人称”パターンの積極的不使用への変化をみると，この変化が生じない割合は男性の方が女性よりも高く，また男性におけるその数は，“ボク型”よりも“オレ単一使用型”において多かった。本章では，異カテゴリ性の顕現によって使用にためらいを感じる（言い換えれば，積極的に使用を控えたいと感じる）ようになる一人称を報告させ，この一人称を“積極的に使用する場合”から“積極的に使用しない場合”への自己イメージの変化を確認するための指標として扱った。したがって，もしも個人内において“積極的使用”と“積極的不使用”に該当する一人称に変化がみられなければ（この双方が同一の一人称であれば），その一人称はそれ自体が，異カテゴリ性の顕現に伴う自己イメージの変化を示し得るものではないかと考えた。この前提に立つと，上記の結果は，男性は女性よりも異カテゴリ性が顕現しているような状況において，日頃よく使用している一人称であってもそれをなお使用することにためらいを感じてしまうような状態に持ち込まれやすくなっているのではないかと考えることができよう。さらに，男性における上記のような傾向は，日頃“ボク”などを使用する者よりも，誰に対しても“オレ”を使用している者に有意に強くみられた。このことは，特に“オレ”のみを常用する者が，“オレ”に積極的・肯定的な意味づけを行ってはいるものの（第4章参照），同時に異カテゴリ性を意識させられるような場面では，むしろためらいを感じるような状態に持ち込まれやすいという二面性を有していることの現われではないかと考えられる。言い換えれば，異カテゴリ性を有する者に対しためらいを感じる，というネガティブな状態を経験してもなお，当人と同一のカテゴリ（この場合，“若者カテゴリ”といえよう）においては常に“オレ”を用いることで，上記の状態を凌ぐようなポジティブな状態を経験できるがゆえの“オレのみの常用”である，という推測も成り立つのではないだろうか。

若者カテゴリへの同化に必要な諸側面への影響

男性では，“オレ単一使用，非変化型”および“オレ・ジブン併用，非変化型”は“オレ・ボク併用，非変化型”および“ボク，変化型”よりも非装飾得点が有意に高く，“オレ・ジブン併用，変化型”は“同，非変化型”よりも自他是認得点が，“オレ・ジブン併用，非変化型”は“同，変化型”よりも非装飾得点がそれぞれ高くなる傾向にあった。また，男性は女性よりも非装飾得点が高くなる傾向にあった。

この結果よりまず考えられることは，総じて男性は女性よりも，若者カテゴリへの同化に際し，他者に対して自分自身を飾らずに何でもいえるといったイメージを有する非装飾的側面（前章参照）を重視する傾向にあるという点である。そして，そのような男性の中にあっては，“常にオレのみを用いるが異カテゴリ性が顕現するとそこにためらいも感じる者”や“オレとジブンを場面に応じて使い分けるが異カテゴリ性が顕現するとそこにためらいも感じる者”ほど，“オレやボクを併用し異カテゴリ性が顕現するとそこにためらいを感じる者”や“ボクなどを用い異カテゴリ性が顕現してもそこにためらいを感じにくい者”よりも上記のような傾向が有意に強かった。このことは，“オレを用いること”に積極的・肯定的な意味づけをするものの，他のカテゴリの人物に“オレ”を用いることにはためらいを感じるという，“オレ”に二面性を見出している男性は，女性や“ジブン”・“ボク”なども同時に用いる男性などよりも，この非装飾的側面を若者カテゴリへの同化のために重要視しているということになろう。“オレ”とは上下親疎の区別なく誰に対しても用いることができる一人称ではないとされるが（e.g., 三輪，2000，2005；新村，1983），仲間内においてはあえてそのような一人称を用い，なおかつ年長者等に対してはこれを容易には用い得ないという，元来“オレ”に固有のネガティブな性質を認識の上で用いる場合にのみ，“オレ”は若者カテゴリへと同化するための有用でポジティブな道具となることができるのであろう。加えて，“オレ”という若者カテゴリへの同化のための有用でポジティブな道具は，その使用者にとって“無造作”（前章参照）ではなくむしろ“非装飾”を意味するものであった。すなわち，若者カテゴリへの同化のために有用でポジティブな道具としての“オレ”は，元来そこに含まれていると考えられる粗野で乱暴な側面ではなく，自分を飾らずに率直に行動する意図を表す側面が強調されたものとして機能していると考えられる。若者カテゴリへの同化には，少なくとも男性においては，このように自分を飾らずに率直に行動するという非装飾的側面が求められているのであろう。その際，この“オレ”という表現がもっとも相応しいものとして捉えられる傾向にあるようである。

また既述のように，男性では，“オレ・ジブン併用，変化型”は“同，非変化型”よりも自他是認得点が，“オレ・ジブン併用，非変化型”は“同，変化型”よりも非装飾得点がそれぞれ高くなるという傾向も同時にみられた。すなわち，“オレとジブンを場面に応じて使い分けるが異カテゴリ性が顕現するとそこにためらいも感じる者”ほど，他者に対して自分自身を飾らずに何でもいえるといったイメージを有する非装飾的側面を重視し，逆に，“オレとジブンを場面に応じて使い分け異カテゴリ性が顕現してもそこにためらいを感じにくい者”ほど，他者に対する心理的な親しみと，自分自身に対する言動の現代的好ましさといったともに肯定的イメージを示す自他是認的側面（前章参照）を重視しているということになる（ただし，この点についてはともに有意傾向であった)。非装飾的側面が高くなる傾向に関していえば，前に述べた“オレ単一使用，非変化型”および“オレ・ジブン併用，非変化型”における結果とほぼ同様である。また，図12にも示したように“オレ・ジブン併用型”はこの2つの一人称を限定的に用いる傾向が極めて高かったことから，“ジブン”には使用場面（集団）が限定されるものの，これまでみてきた“オレ”に近い意味づけもなされているのではないかと考えられる。一方，自他是認的側面が高くなる傾向に関していえば，“ジブン”はカテゴリを越えた自他是認を促す原動力としての機能もいくらか有するのではないかとも考えられる。

第5節　今後の課題と展望

本章では，一人称によってもたらされる自己イメージが若者カテゴリへの同化に必要な諸側面に対しどのように影響しているか検討を行った。その結果，若者カテゴリへの同化は，男性においては，自分を飾らずに率直に行動するという非装飾的側面が重視され，この非装飾的側面の表出は，“オレ”という一人称がもたらす自己イメージによって適切に達成されるのではないかという可能性が見出された。加えて，“ジブン”には“オレ”と近似の自己イメージをもたらす機能と，カテゴリを越えた自他是認を促す原動力としての機能を有するのではないかとも考えられた。

これまで述べてきたように，いま若者のさまざまな行動が社会的に関心を集めている。そのような諸行動に対する適切な理解を得るために，若者特有の行動が，若者自身と彼らを取り巻く多くの人びと一般にとって了解可能な“若者行動の理解のための理論的枠組み”を提案し，この枠組みに従って若者特有の行動の生起を理解することが可能であるか実証的に検討を行っていくことが本研究の目的とされていた。本研究では，本章までの結果によって，若者はある行動をとることによる若者カテゴリへの同化を通して若者らしくなる，という枠組みに従って若者特有の行動の生起を理解することが可能であることを確認できたものと考える。

すなわち，ここまでの結果を総合すると，若者特有の行動の生起を既述の枠組みに従って理解しようとするとき，若者特有の行動は，若者カテゴリへの同化やそうしたカテゴリにおける社会的アイデンティティ確立のために必要となる機能を内包するものであり，その機能の特徴づけられ方は当該カテゴリへの同一視の程度に依存する，ということが示唆されていた。さらに，若者らしさをより肯定的・是認的に表出しようとする傾向が，若者の社会的アイデンティティ確立の基盤となり得るような集団の上位概念である若者カテゴリへの同化やその後の社会的アイデンティティ確立のための源泉として機能している可能性が示唆されていた。この点については，第6章において，若者カテゴリを知覚することが若者の若者カテゴリへの同化を実際に引き起こしていることを弱いながらも示したことにより，社会的アイデンティティ理論および自己カテゴリ化理論におけるこの“同化”という概念が，実際上起こり得る現象であることを確認することができた。また，前章および本章の結果からは，“オレ”という一人称を用いることで個人にもたらされる特有の自己イメージが，若者カテゴリへの同化に必要となる3側面（すなわち，“無造作”，“自他是認”および“非装飾”であった）のうちの非装飾を促す原動力になり得ると考えられた。

したがって，上記の結果（特に本章の結果）から，若者特有といわれるような他のカテゴリを省みない甚だ自分勝手な行動なども，若者が“若者”になるために必要とされる“非装飾”の現われであったと解釈することもできるのではないだろうか。そうであれば，非装飾をひとつの構成要素とするところの若者カテゴリにおけるその後のアイデンティティの確立にも，この非装飾的側面が問題となろう。若者のアイデンティティ確立の初期においては，確かにこの非装飾的側面が重要となるにしても，若者カテゴリにもいずれは他のカテゴリとの折り合いをつけるべき時期が到来し，また同時に若者カテゴリそのものも別のカテゴリへと変遷していく可能性も考えられるため，そうした諸過程を含む若者カテゴリのその後のあり方を展望しつつ，若者カテゴリにおけるアイデンティティの確立に上記3側面がどのように関わりを持ち得るものであるか今後も検討を重ねていく必要があろう。

本章の結果からも示唆されるように，若者は他のカテゴリに対しても一様に非装飾であって構わないと感じているわけではないように思われた。したがって，本章の結果もっとも問題とすべき点は，むしろ他の側面（特に自他是認的側面）であるといえるかもしれない。この自他是認の機能が，もしも若者カテゴリのメンバーのみに向かうものであるならば，それは単に当該カテゴリを維持していくための構造をカテゴリ内にもたらすだけのものであり，ひいては他のカテゴリを時として低く扱う（e.g., Skevington, 1981；Tajfel et al., 1971）ことに繋がりかねない危険性を常に伴うものであると考えられる。それゆえこの自他是認の機能がカテゴリ内に留まることなくそれを越えて一般化されていくことが，後のアイデンティティ確立のために求められるのではないだろうか。一般化された自他是認をひとつの構成要素とするアイデンティティを確立していくことが，他のカテゴリとの軋轢を低減させ共生可能性を高めることに寄与するものであると考えられるからである。

最後に，本章においては，女性に関しておよび非装飾以外の２つの側面（特に無造作）については明確な結果が得られなかった。これらの点の明確化については，さらなる理論の精緻化の上今後の研究に委ねていくこととする。

引用文献

三輪正（2000）．人称詞と敬語―言語倫理学的考察―　人文書院

三輪正（2005）．一人称二人称と対話　人文書院

新村出（編）（1983）．広辞苑　第三版　岩波書店

Skevington, S.（1981）. Intergroup relations and nursing. *European Journal of Social Psychology*, **11**, 43–59.

Tajfel, H., Billig, M. G., Bundy, R. P., & Flament, C.（1971）. Social categorization and intergroup behavior. *European Journal of Social Psychology*, **1**, 149–177.

Turner, J. C.（1987）. *Rediscovering the social group : A self-categorization theory*. Oxford : Blackwell.

注

24）本章は，「大和田智文・下斗米淳（2007）．若者における一人称への意味づけに関する検討（４）―若者カテゴリへの同化に必要な諸側面は一人称詞がもたらす自己イメージによって影響を受けるのか？―　日本パーソナリティ心理学会第16回大会発表論文集，28-29.」として発表された。

第Ⅲ部　結　論

第９章　本書の結論と展望

第１節　本書における結果

これまで本書では，第Ⅰ部（第１章）において，本書全体に関わる問の提起とその解を得るための理論の提案を行った。それに続く第２章から第８章によって構成される第Ⅱ部では，上記の問に対する解を得るために，第Ⅰ部で示された理論に従い複数の実証研究を行った。

本書における目的は，若者特有の行動が，若者自身と彼らを取り巻く多くの人びと一般にとって了解可能な“若者行動の理解のための理論的枠組み”の提案と，若者特有の行動を捉えるために妥当となる指標の検討，ならびにこの枠組みに従って若者特有の行動の生起を理解することが可能であることの実証的検討であった。したがって本書は，上記の提案および検討を通して，なぜ若者は若者特有といわれるような行動をとるのかという第１章に示した問に対する解を示していこうとするものであった。

以下においては，各章における結果を振り返っておくこととする。

まず，本書の第１番目の目的を達成するため，第１章においては，社会的アイデンティティ理論および自己カテゴリ化理論を基礎理論とする理論的枠組みを“若者特有の行動を理解するための理論的枠組み”として提案することが相応しいものと結論づけた。この枠組みとはすなわち，①若者が，若者とは知覚しないようなカテゴリとの比較を通し，自らを若者カテゴリに位置づけていく過程が存在する。②この過程は，言い換えれば，若者がいわば“非若者カテゴリ”では用いられることがないような彼らに独自な行動をとることにより，彼らの所属するカテゴリと他のカテゴリとの間にある差異性を最大化させ，また同時に所属するカテゴリ成員間の差異性を最小化させながら彼らに特有のカテゴリへの同化（すなわち，“若者らしさ”の表現の獲得）を高めていく過程である。③そして，異なったカテゴリ間の差異性を最大化することによる自己高揚を通し，若者は肯定的な社会的アイデンティティの確立へと導かれるのではないかと予測できる（すなわち，この枠組みを簡潔に記せば，“若者はある行動をとることによる若者カテゴリへの同化を通して若者らしくなる”ということになろう）(Billig & Tajfel, 1973；Hogg, 1992, 2006；Hogg & Abrams, 1990；Turner, 1987)，というものであった。

続く第 2 章および第 3 章においては，近年の若者に特有の行動には実際どのようなものがみられるのか，また，そのような若者特有の行動が報告されるとき，それらは報告者の社会的アイデンティティとどのような関連がみられるものであるか，さらにそこで報告された若者特有の行動は，報告者自身にとってどの程度許容できるものであり，またどの程度自身の行動とも一致するものであるか，これらの 3 点を明らかにすることを目的として検討を行ってきた。ここまでの結果を総合してみると，まず若者特有の行動としては，“ことば使いの悪さ”，“敬語不使用，目上に対する非礼（第 2 章における“敬語不使用”を含む)”，“若者ことば”，“流行に敏感・おしゃれ”，“地べた座り”，“すぐキレる”，“電車内での携帯等迷惑行為（第 2 章における“携帯使用”を含む)”，“大声で話す・騒ぐ”などが報告されていた。また，こうした行動の中でも，“ことば使いの悪さ”，“敬語不使用，目上に対する非礼”，“電車内での携帯等迷惑行為”，“大声で話す・騒ぐ”など，主に言語に関連した行動については，私的な価値観や性格・能力，所属団体，氏名，出身地といった，報告者のアイデンティティの中でもより自己の中核に近いと考えられる部分との関連性があることが示唆されていた。さらに，言語に関連した行動に限らず上にあげられた諸行動は，高年齢層よりも若年層(生活年齢的な意味での若年層，学生，未婚者)において行動的により一致するものであった（すなわち，日常生活の中で若年層の方が当該の行動を多く行っていた)。加えて，“敬語不使用，目上に対する非礼”や“電車内での携帯等迷惑行為”は全報告者を通して他の諸行動よりも理解されやすく（ただし，ここでの結果は第 2 章において明らかになったものである)，また“ことば使いの悪さ”は若者において行動的により一致するものであった（すなわち，若者は日常生活の中で当該の行動を他の行動よりも多く行っていた。ただし，ここでの結果は第3章において明らかになったものである)。このことにより，対人場面におけることばの使用や選択が，若者らしさの表現として彼ら自身にとって重要視されているのではないかと考えられたのであった。

ここまでの結果を踏まえ，第4章第2節までにおいては本書の第2番目の目的を達成するために，なぜ若者は若者特有といわれるような行動をとるのかという問に対し接近を図るための具体的な方法を見出していくための検討を行った。第1節では上記の問への接近を図るために，第3章までで明らかとなっていた若者特有の行動を改めて記述しなおす作業を試みた。続く第2節では，ここで記述された若者特有の行動を既述の枠組みに従って理解しようとするとき，若者特有の行動をどのような指標によって捉えるのが妥当であるのか明らかにすることを試みた。その結果，若者特有の行動を表す指標として，“一人称の使用”を用いることが妥当であると結論づけた。また，第1章で提案した枠組みに従うならば，若者のある社会的次元における一人称の使用の様相と，そこにみる各一人称にこめられた機能的意味についての検討を行うことが，若者特有の行動が若者カテゴリへの同化（すなわち，“若者らしさ”の表現の獲得）や社会的アイデンティティの確立へと向かう上でどのような機能を持つものであるかを明らかにしていくために必要であると考えられた。

ここまでの議論を踏まえ，第4章第3節以降（第3番目の目的の達成にあてられた）では，個々の若者が用いる一人称への意味づけのことを機能的意味として捉え，若者に特有と考えられる諸行動を理解していくための端緒として，個々の若者の位置する集団に応じた一人称の使用の様相と，そこにみられる各一人称にこめられた機能的意味を見出していくことを目的とした検討を行った。そこでは，一人称の使用の様相として8個のパターンが見出され，またそれぞれのパターンごとに特徴ある機能的意味があることが確認されていた。このことは，個々の若者の用いる一人称にこめられた機能的意味の違いが，若者カテゴリへの同化に対して異なった影響を及ぼす可能性を示したものであるといえる。したがって，以上より若者特有の行動の生起を既述の枠組みに従って理解しようとするとき，若者特有の行動は，若者カテゴリへの同化やそうしたカテゴリにおける社会的アイデンティティ確立のために必要となる機能を内包するものであるということが示唆されたのであった。しかしながら，ここでは機能的意味の各集団に応じた差異を，すべてのパターンを通じて明確に示すことができたわけではなかった。よってここでの結果からは，社会的カテゴリ（すなわち“若者カテゴリ”）の下位概念である各集団に若者が自分自身を位置づけたことによる特有の反応であったか否かについては明らかになっていない。このため，本来一人称への意味づけとは若者の位置する集団に依存した反応であるのか否か，そのことを示す証拠を得ていくことが必要とされた。

そこで，第5章においては，若者カテゴリの下位概念としての集団の違いによっても，若者らしさの表出としての一人称への意味づけに違いがみられるものであるか，この点についての検討を行うこととした。具体的には，若者の社会的アイデンティティ確立の基盤となり得る集団への同一視の程度が，若者の若者らしさの表出としての一人称への意味づけに対して影響を及ぼすものであるか検討を行い，集団同一視の程度と若者らしさの表出との関連性についての明確化を試みた。その結果，若者の社会的アイデンティティ確立の基盤となり得るような集団において，その集団に対する同一視の程度が高い個人ほど一人称に対する愛着をより強く抱いているという様相が浮かび上がってきた。このことから，若者の社会的アイデンティティ確立の基盤となり得るような集団を，あたかも自分自身と一体であるかのように“自分自身の集団”として捉える傾向が，彼らの自分らしさ・若者らしさをより肯定的・是認的なものとして表出するように方向づけているのではないかと考えられた。なぜならば，当該集団に対する同一視の程度，すなわち当該集団を“自分自身の集団”として捉える傾向の強い個人ほど，自分自身を指す人称詞である一人称への愛着，すなわち自分自身への肯定的・是認的なイメージを有しているという両者の関連性が確認されたからである。このことは言い換えれば，若者特有の行動とは，若者の位置する集団に依存した形で特徴づけられるものであることを明らかにするものであったといえる。

ここまでの結果を総合すると，若者特有の行動の生起を既述の枠組みに従って理解しようとするとき，若者特有の行動は，若者カテゴリへの同化やそうしたカテゴリにおける社会的アイデンティティ確立のために必要となる機能を内包するものであり，その機能の特徴づけられ方は当該カテゴリへの同一視の程度に依存する，ということが示唆されていた。

さらに，第5章の結果からは，若者らしさをより肯定的・是認的に表出しようとする傾向が，若者の社会的アイデンティティ確立の基盤となり得るような集団の上位概念である若者カテゴリへの同化やその後の社会的アイデンティティ確立のための源泉として機能している可能性が示唆されていた。この点については，第6章において，若者カテゴリを知覚することが若者の若者カテゴリへの同化を実際に引き起こしていることを弱いながらも示したことにより，社会的アイデンティティ理論および自己カテゴリ化理論におけるこの“同化”という概念が，実際上起こり得る現象であることを確認することができたと考える。

しかしながら，ここまでの結果からは，若者の一人称への意味づけにみる若者らしさの表出は，若者カテゴリへの同化やその後の社会的アイデンティティ確立へと向かう上でどのような内的な特性を必要とするものであるか，また，その同化過程に一人称への意味づけにみる個人の差異はどのように反映されるものであるか，こうした点については依然明らかにされてはいなかった。そこで第7章では，若者の一人称への意味づけにみる若者らしさの表出は，若者カテゴリへの同化においてどのような内的な特性を必要とするものであるか検討を行った。本書は，若者が社会的アイデンティティを確立していく過程上に“若者カテゴリ”を選択し，そのカテゴリへと同化していく過程が存在するのではないかと仮定するものであった。その仮定を踏まえ，若者カテゴリへの同化に際し若者は彼ら自身に関するどのような側面を問題とするものなのか，言い換えれば，若者自身が若者カテゴリの一員となっていくために必要となる主体に関わる条件（個人内の特性）とは何であるかについて明らかにしていくこととした。その結果，大まかであり，おざなりで洗練されていないといった自分自身に対するイメージを有する“無造作”的側面，他者に対する心理的な親しみと，自分自身に対する言動の現代的好ましさといったともに肯定的イメージを有する“自他是認”的側面，他者に対して自分自身を飾らずに何でもいえるといったイメージを有する“非装飾”的側面から成る3側面が，若者カテゴリへの同化に必要な条件として見出された。したがって本書におけるここまでの結果は，若者が社会的アイデンティティを確立していく過程上に“若者カテゴリ”

を選択し，そのカテゴリへと同化していく過程が存在するという仮定を支持する方向性を持つものであったといえよう。しかしながら第7章においては，同化過程における一人称の使用にみる個人の差異，すなわち個々の若者が一人称に対してどのような意味づけを行っているのか，その相違によって，同化に必要となる条件がどのように異なってくるものであるかという個人の差異に関する部分については明らかにされていなかった。したがって，この点についてさらに検討を加えていくことが課題として残されていた。

この点については，第4章において述べた通り，一人称の使用の様相としての8個のパターンごとに特徴ある機能的意味があることが確認されたことから，個々の若者の一人称への意味づけに違いが生じることによって，若者はそれぞれに異なった若者カテゴリへと同化していくよう方向づけられる可能性が示唆されていた。そこで第8章では，上記の検討課題に対して具体的には，第4章で見出された一人称の機能的意味（すなわち，一人称によってもたらされた自己イメージ）が，第7章で見出された若者カテゴリへの同化に必要な諸側面に対しどのように影響しているか検討を行った。その結果，若者カテゴリへの同化は，男性においては，自分を飾らずに率直に行動するという非装飾的側面が重視され，この非装飾的側面の表出は，“オレ”という一人称がもたらす自己イメージによって適切に達成されるのではないかという可能性が見出された。

これまで述べてきたように，いま若者のさまざまな行動が社会的に関心を集めている。そのような諸行動に対する適切な理解を得るために，若者特有の行動が，若者自身と彼らを取り巻く多くの人びと一般にとって了解可能な“若者行動の理解のための理論的枠組み”を提案し，この枠組みに従って若者特有の行動の生起を理解することが可能か実証的に検討を行っていくことが本書の目的とされていた。本書では，第8章までの結果によって，若者はある行動をとることによる若者カテゴリへの同化を通して若者らしくなる，という枠組みに従って若者特有の行動の生起を理解することが可能であることを確認できたものと考える。

それでは次に，上にみてきたようなこれまでの結果は，第1章で示した本書の3つの目的に照らすとどのように位置づけ可能なものとなるのかを次節において再考する。そして，本書における結論を述べることとする。

第2節　理論的再考と結論

まず第1番目の目的である，若者特有の行動を理解するための理論的枠組みの提案に関して述べる。この点については，速水他（2004），中島（1997），高田・矢守（1998）などいくつかの先行研究を通覧した上で，本研究で扱おうとするよりマクロな次元としての“若者特有の行動”を理解するための理論的枠組みは，わが国においては量的にも質的にもまだ確立されていないものと考えた。したがって，この理論的枠組みとはどのようなものが適切であるのか明らかにしていくことが喫緊の課題とされた。

この枠組みを提案していく際，以下の点が問題となった。すなわち，本研究の冒頭に挙げた若者特有の行動とは，それらは一見して社会的迷惑行為や犯罪行為にさえ相当するほどネガティブなものが多く，それらを“人間関係の希薄化”の反映として捉えることも可能なようであった。しかし，こうした若者特有の行動が，若者以外の人びと一般にとって仮にネガティブに受け取られるものであったとしても，この両者（若者とそれ以外の人びと一般）が相互交渉を断ったままに日々を営むことは不可能である。そうであれば，世代間の行動スタイルやその生起基盤となる心理機制の隔たりを越えたところにある，両者に共通した心理機制を見出す努力も必要となってくるのではないかと思われた。

すなわち，本研究では，ある理論的枠組みによって若者特有の行動に対する理解を得ようとする際，その理解は若者世代に対するものであるだけではなく，若者世代とそれ以外の人びと一般との相互理解をも促すものであることを必要としていた。したがって本研究では，若者特有の行動が，若者自身と彼らを取り巻く多くの人びと一般にとって了解可能な“若者行動の理解のための理論的枠組み”を提案していくことが課題となった。

ここで，近年の若者特有の行動が“人間関係の希薄化”として特徴づけられるのであれば，Erikson（1959）の提唱するアイデンティティの獲得や同一性拡散，モラトリアムなどに関連した視点より接近を図ることもひとつの有意義な方途と考えられた。このEriksonのアイデンティティの獲得に関する諸理論を用いると，“人間関係の希薄化”した様態・過ごし方を，若者における近年的なモラトリアムの特徴として捉えてみることが可能となるからであった。しかし，Eriksonの諸理論は，人びとのさまざまな態度・行動やそれらを引き起こす心理機制に各発達段階に共通した機制を想定しないものであるため，たとえば若者世代とそれ以外の人びと一般のような異なった発達段階にあっては，それを越えたところに共通の心理機制があることを仮定できなくなるのであった。Eriksonの諸理論は，この点において，上に述べた課題を満たすための理論として必ずしも十分とはいえなかった。

そうした中，Hogg（2006），Tajfel（1970），Turner（1987）などの提唱する社会的アイデンティティ理論および自己カテゴリ化理論が，個人の発達性を問題とせずに単に社会的カテゴリ性によってのみアイデンティティの獲得プロセスを説明可能としていた。この点において，社会的アイデンティティ理論および自己カテゴリ化理論は，Erikson（1959）の諸理論を補完する形で上記の課題を満たすものであったといえる。

そこで，本研究では社会的アイデンティティ理論および自己カテゴリ化理論を基礎理論として，“若者特有の行動を理解するための理論的枠組み”を提案していくことを試みた。社会的アイデンティティ理論および自己カテゴリ化理論を用いると，以下のような枠組みが理論的に帰結されるのであった。すなわち，①若者が，若者とは知覚しないようなカテゴリとの比較を通し，自らを若者カテゴリに位置づけていく過程が存在する。②この過程は，言い換えれば，若者がいわば“非若者カテゴリ”では用いられることがないような彼らに独自な行動をとることにより，彼らの所属するカテゴリと他のカテゴリとの間にある差異性を最大化させ，また同時に所属するカテゴリ成員間の差異性を最小化させながら彼らに特有のカテゴリへの同化（すなわち，“若者らしさ”の表現の獲得）を高めていく過程である。③そして，異なったカテゴリ間の差異性を最大化することによる自己高揚を通し，若者は肯定的な社会的アイデンティティの確立へと導かれるのではないかと予測できる，というものである。また，この枠組みを簡潔に記せば，“若者はある行動をとることによる若者カテゴリへの同化を通して若者らしくなる”ということになるのであった。

こうして，本研究における第1番目の目的である“若者行動の理解のための理論的枠組み”という若者理解に向けた新たなる枠組みを提案することが達成された。

次に，第 2 番目の若者特有の行動を捉えるための妥当な指標の検討について述べる。

まず，第 2 章および第 3 章の結果より，第 4 章第 1 節において，対人場面におけることばの使用や選択が，若者らしさの表現として彼ら自身にとって重要視されているのではないかと考察した。この考察を踏まえ，若者特有の行動を捉えるためにはどのような指標を用いるのが妥当であるか検討を行った。その結果，榎本（1998）や鈴木（1973）の指摘する一人称の使用（ことばの使用の一形態）の多様性は，“相手の立場からの自己規定，他者を介しての自己同一性の確立”であり，これは Cooley（1902）や James（1892）の述べるような自己の社会的次元に応じた変容可能性を一人称の変容を通して示したものであると考えられた。このことから，人びとの一人称の用い方と，Hogg（2006）などのいう社会的アイデンティティのあり方との不可分性を想定し，一人称の使用が社会的次元に応じた自分らしさの表現であると仮定することができるものと考えた。したがって，ここまでの議論によって，一人称の使用を本研究における若者特有の行動の指標として扱うこととした。

こうして，本研究における第 2 番目の目的である若者特有の行動を捉えるための妥当な指標の検討が達成された。

最後に，第 3 番目の“若者行動の理解のための理論的枠組み”に従って若者特有の行動の生起を理解することが可能であることの実証的検討について述べる。ここでは，前節に示された各章における結果を既述の枠組みに照らして再考してみる。なお，ここでの再考は前節で述べた内容と一部重複する。

まず，第 4 章第 3 節の結果である。ここでは，一人称の使用の様相として 8 個のパターンが見出され，またそれぞれのパターンごとに特徴ある機能的意味があることが確認されていた。一人称の使用の様相に社会的次元に関連したいくつかの特徴的パターンを持つ機能的意味がみられたことは，若者カテゴリという社会的カテゴリにおける若者特有の行動が当該カテゴリにおける何らかの意味づけを持って生起している可能性を示すものと考えられよう。社会的アイデンティティ理論および自己カテゴリ化理論を基礎理論とする既述の枠組み（①，②）によると，若者は若者カテゴリにおいて意味のある行動を生起させることで，若者カテゴリと他のカテゴリとの比較を生じさせ，カテゴリ間にある差異を大きくすることによって若者カテゴリを再度特徴づけることになる。さらに，ここで特徴づけられた若者カテゴリの特徴に従って若者は自分自身をカテゴリ化（すなわち自己カテゴリ化）し，若者カテゴリのプロトタイプと一致した行動をますますとるようになると考えられる（Hogg，1992，2006；Turner，1987）。すなわち，ここでみられた結果は，若者カテゴリへと同化していくために必要となるいくつかの特徴づけられた行動パターンであったといえよう。

次に第5章の結果である。ここでは，若者の社会的アイデンティティ確立の基盤となり得るような集団において，その集団に対する同一視の程度が高い個人ほど一人称に対する愛着をより強く抱いているという様相が浮かび上がってきた。これは，当該集団（カテゴリ）への肯定的感情が強ければ，それだけ当該カテゴリにおける若者特有の行動もより肯定的感情によって特徴づけられたものになることを示していよう。すなわちここでは，若者特有の行動とは，若者の位置する集団に依存した形で特徴づけられるものであることが明らかになった。これを第4章第3節の結果とあわせてみると，若者特有の行動は，若者カテゴリへの同化やそうしたカテゴリにおける後の社会的アイデンティティ確立のために“必要となる特徴”（すなわち機能）を内包するものであり，その機能の特徴づけられ方は当該カテゴリへの同一視の程度に依存する，ということが示唆されたといえよう。加えて，社会的アイデンティティ理論および自己カテゴリ化理論では，人は自身にとっての社会的カテゴリが肯定的なものであれば，そこから肯定的な自己概念の形成や評価がもたらされることになるという（既述の枠組みの③に関わる）。このことから，ここでの結果は，肯定的感情を持つ当該カテゴリから引き出される，肯定的感情を帯びた若者特有の行動が，若者カテゴリへの同化やその後の社会的アイデンティティ確立のための源泉として機能する可能性も示唆されよう。

次に第6章の結果である。ここでは第5章で示唆されたことを受けて検討した結果，若者カテゴリを知覚することが若者の若者カテゴリへの同化を実際に引き起こしていることを弱いながらも示していた。このことにより，社会的アイデンティティ理論および自己カテゴリ化理論におけるこの“同化”という概念が，実際上起こり得る現象であることを確認することができたと考える。このことによって，既述の枠組みに従って若者特有の行動の生起を理解することがほぼ証拠づけられたのではないかと思われた。しかしながら，第6章における結果は有意傾向に留まるものであった。したがって，この若者カテゴリへの同化については，第7章において異なった手続きではあるが重ねて検討をしていくこととした。

次に第7章の結果である。ここでは，上で述べた若者の若者カテゴリへの同化について別の角度から検討を行った。すなわち，若者カテゴリへの同化に際し，若者は彼ら自身に関するどのような側面を問題とするものなのか，言い換えれば，若者自身が若者カテゴリの一員となっていくために必要となる主体に関わる条件（個人内の特性）とは何であるかという点について明らかにしていこうとするものであった。結果は，大まかであり，おざなりで洗練されていないといった自分自身に対するイメージを有する“無造作”的側面，他者に対する心理的な親しみと，自分自身に対する言動の現代的好ましさといったともに肯定的イメージを有する“自他是認”的側面，他者に対して自分自身を飾らずに何でもいえるといったイメージを有する“非装飾”的側面から成る3側面が，若者カテゴリへの同化に必要な条件として見出された。したがって本研究におけるここまでの結果は，若者が社会的アイデンティティを確立していく過程上に若者カテゴリを選択し，そのカテゴリへと同化していく過程が存在するという既述の枠組みを支持する方向性を持つものであったといえよう。

しかしながら，ここで見出された3側面は，第1章で述べた若者の“人間関係の希薄化”や，たとえば岡田（1993）の指摘する“群れ志向”，“対人退却”，“やさしさ志向”という若者の友人関係の特徴とは符合するものではなかったように思われる。このことは，若者カテゴリへの同化に必要となる主体に関わる条件（個人内の特性）が，若者カテゴリへの同化という過程上において若者に求められる個人内の特性であるのに対し，現代の若者を象徴するといわれるような“人間関係の希薄化”や岡田の指摘する友人関係の諸特徴が，同化という過程を経た後の，あるいは同化そのものができない結果として若者に現れる特徴であると解釈できる可能性もあろうかと思われる。

最後に第8章の結果である。ここでは，第4章で見出された一人称の機能的意味（ここでは，一人称によってもたらされる自己イメージ）が，第7章で見出された若者カテゴリへの同化に必要な諸側面に対しどのように影響しているのか，この点について明らかにしていくものであった。結果は，“オレ”という一人称を用いることで個人にもたらされる特有の自己イメージが，若者カテゴリへの同化に必要となる3側面（すなわち，“無造作”，“自他是認”および“非装飾”であった）のうちの非装飾を促す原動力になり得ると考えられた。したがって，このことから若者特有といわれるような他のカテゴリを省みない甚だ自分勝手な行動も，若者が“若者”になるために必要とされる“非装飾”の現われであったと解釈することもできるであろうと考えた。この点の考察は，後にまた補足することとする。

以上第8章までの結果をみると，“若者行動の理解のための理論的枠組み”を用いて，若者に広くみられる一般的な行動を理解することが可能であることが示されたといってよいであろう。ただし本研究では，第1章でも触れたような学校現場などにおけるいわゆるキレる現象，見ず知らずの相手に対する徒党を組んでの暴行・殺人など，社会的・統計的平均から大きく逸れるような行動まで既述の枠組みを用いて理解することが可能であるかという点については未検討であった。したがって，この点については一人称の使用ではなく，また別の指標を用いるなどして検討していくことが必要となろう。

こうして，本研究における第3番目の目的である“若者行動の理解のための理論的枠組み”に従って若者特有の行動の生起を理解することが可能であることの実証的検討が達成された。

以上の結果より，なぜ若者は若者特有といわれるような行動をとるのかという第1章に示した問に対し，“若者行動の理解のための理論的枠組み”という若者理解に向けた新たなる枠組みを用いて一定の回答を示し得た。これが本研究の結論である。

近年，“今の若者はよく理解できない”，“今の若者は変わってしまった”という声を耳にする機会がしばしばあるように思われる。それは第1章でも述べた通り，若者の対人関係の持ち方や行動が“非若者”のそれとは一見大きくかけ離れてみえてしまうことが多いためであろう。このことは，第8章の結果にみられた“‘非装飾’の現われ”などとも大きく関連していよう。これまで私たちは，若者の行動の理解のしにくさゆえに，若者特有の行動はあたかも“非若者”とは全く異なる心理機制によって引き起こされているかのように考えてはいなかっただろうか。

本研究は上記のような見方を基本的姿勢とするものではなかった。本研究では，若者は本当に変わってしまったのか，彼らの行動を他の世代とも共通して存在する心理機制によって説明することはもはや不可能なのか，といったような疑問がその根底にあった。そしてその疑問に対し，“若者行動の理解のための理論的枠組み”を提案し，この枠組みを用いることで若者特有の行動を理解することが可能となるものであるか検討してきたのであった。この枠組みとは，世代を越えた人びと一般の行動（主に集団間および集団内過程）を説明できる社会的アイデンティティ理論および自己カテゴリ化理論を基礎理論とするものであった。したがって，この枠組みを用いて若者特有の行動を理解することが可能であるならば，それは人びと一般に共通した心理機制によって若者特有の行動を理解することが可能であることを意味している。すなわち，若者特有の行動には他の世代からみた場合の一見した隔たりや理解の困難さは伴うものの，その行動は人びと一般に共通の心理機制によって引き起こされている場合も考えられるということである。このことは，若者だけが大きく変わったわけではないことの証でもあり，仮に“非若者”であってもいくつかの条件が設定されれば，たとえば“‘非装飾’の現われ”のような“若者特有の行動”と類似の行動をとる可能性も考えられるということになる。

上記の点については，本研究の結論よりその解が示されよう。

第3節　まとめと展望

本研究では，以上にみてきた第Ⅱ部における複数の実証研究によって，第Ⅰ部で示した問に対する解を示すための試みを行ってきた。すなわち本研究は，若者特有といわれるような行動の生起に対する理解を得ていくために，社会的アイデンティティ理論および自己カテゴリ化理論に基づき，若者の社会的アイデンティティ獲得過程における若者カテゴリへの同化に関して一人称の使用を通じて検討を行ったものである。諸検討の結果を総合すると，社会的アイデンティティ理論および自己カテゴリ化理論を基礎理論とする枠組みに従って若者特有の行動の生起に対する理解を得ようとすると，この若者特有の行動を，若者の社会的アイデンティティ獲得過程における社会的カテゴリのひとつとしての若者カテゴリへの同化という現象によって説明が可能であることが明らかにされた。この枠組みによると，若者を若者固有の心理機制ではなく社会的カテゴリのひとつとして捉えることが前提となるため，若者特有の行動の生起を人びと一般にも認められるような心理機制によって説明することが可能となる。

したがって，本研究においてもっとも強調されるべき点は，若者特有の行動の生起に対する理解を得ようとする際，これらを人びと一般にも認められるような心理機制によって説明することが可能であることを示した点にあるといえる。本研究では，若者特有の行動の生起には，必ずしも若者固有の心理機制を必要とはせず，その状況において顕著となっている社会的カテゴリへと同化をしようとすることによって若者特有の行動を捉えることが可能であるという新たな発見がみられた。よって，この点を本研究における最大の成果と考える。

以上の成果より，序論において述べたような，“若者”と“非若者”という世代間に認められる行動スタイル，またそれを引き起こす心理機制の一見した隔たりを越えたところに，両者に共通の心理機制を見出すことができたのではないかと思われる。このことは，世代を越えた円滑な対人関係の構築や“自分らしさ”の相互理解を深めていくことにも大きく寄与できるのではないだろうか。

ただし本研究では，全体を通しての調査対象者はそれほど多いとはいえなかった。したがって，今後はさらに調査対象者を追加するなど，結果の説明力を増していくための努力が欠かせないであろう。この点が課題となるということは，本研究の一般化可能性が現時点では高いとはいえないことの証左かもしれない。そうであれば，この一般化可能性を過分に見積もることは避けねばなるまい。

また，第 7 章における若者カテゴリへの同化得点は，すべての一人称を込みとして求めたものであった。したがって，ここでは若者カテゴリへの同化に必要となる 3 側面に一人称の違いが反映されてはいなかった。また，若者カテゴリ顕現後における得点の増減もすべてが同一方向を示すものではなかった。したがって，上記の 3 側面が若者カテゴリ内に留まるものなのか，若者カテゴリの外側にも向かい得るものなのかについては現時点では明らかになっていない。こうした点についても今後明らかにしていく必要があろう。

さらに，既述の枠組みの③であるが，この点に関しては今後も検討の余地がある。同化という概念は，社会的アイデンティティ理論および自己カテゴリ化理論より導き出せる概念であり，これは社会的アイデンティティ獲得過程の上に生起する現象であると捉えることができる。したがって，カテゴリへの同化やそれに伴って生じる自己高揚を通して，肯定的な社会的アイデンティティの確立へと導かれることが理論上は了解できる。しかしながら，本研究はカテゴリへの同化が純粋に社会的アイデンティティの“獲得過程”に生じる現象であると捉えるものであり，若者カテゴリへの同化によって実際に社会的アイデンティティが獲得されることを検証するものではなかった。よって，今後はこのような点も検証していくことで，社会的アイデンティティの確立へと導かれるという予測の正しさを証明していく必要があろう。

今後の総合的な展望であるが，若者特有の行動を，その状況において顕著となっている社会的カテゴリへと同化をすることによる現象であるとする説明可能性の範囲をどこまで拡大していくことができるのか，その限界を見極めていく中にまた新たな発見が出てくるように思われる。たとえば，反社会的行動なども含め若者のあらゆる特徴的な行動をこの理論によって捉えることが妥当なのか，“若者”の下位集団によって同化の仕方に違いはみられるのか，“若者カテゴリ”をいくつかのサブ・カテゴリに分割して考える必要があるのではないか，同化に必要となる主体に関わる条件（個人内の特性）の方向性は当該カテゴリの外側にも向かい得るものなのか，またこの理論は人びと一般のどこまでが適用範囲なのか等々，現時点では未検討の箇所が数多くある。

またこの“同化”とは，あるカテゴリへの自己カテゴリ化によって当該カテゴリの他成員との差異性の最小化がもたらされ，その結果，当該カテゴリにおける自他の態度や行動が類似してくる現象のことであった。しかし，仮にこの“同化”の“当該カテゴリにおける自他の態度や行動の類似”という点にのみ着目するならば，“同化”とは，社会的アイデンティティ理論および自己カテゴリ化理論（e.g., Hogg, 2006；Tajfel, 1970；Turner, 1987）でいう，他のカテゴリ間の差異性の最大化と当該カテゴリ内の差異性の最小化の同時発生ではなく，当該カテゴリ内の差異性の最小化に限られた現象を説明する概念であるという可能性も捨てきれない。そうであれば，この最大化と最小化という2つの異なった現象を表裏関係にあるものと無反省に捉えるのではなく，当該カテゴリ内の差異性の最小化に伴って他のカテゴリ間の差異性の最大化が生じてくるなど，継時発生的概念として捉え直してみる気概も必要になろう。

最後に，若者が結果的に若者カテゴリに同化をするとしても，そもそもそれはどのような動機づけによるものであったのだろうか。つまり，若者はなにゆえに若者らしくあろうとするのであろうか。たとえば，若者カテゴリの一員となることが心理的な“居場所”の獲得につながり，そのことが結果的に精神的健康を高める，といったパスを描くことは私たちにとっておそらくは容易なことだろう（e.g., 杉本・庄司，2006参照）。そうすると，このいわば無意図的なパス図を同化の原動力と考えることも可能かもしれないが，残念ながらこの点については本研究では未解明のままであった。若者の若者カテゴリへの同化についての生態学的な妥当性を保証するためにも，同化への動機づけについて解明していくことは不可欠であろう。

以上のような点についてさらにデータを蓄積していくことで，この同化理論の一般化可能性と限界を明らかにしていくことが今後の研究のさらなる発展へとつながるものと考える。

引用文献

Billig, M., & Tajfel, H. (1973). Social categorization and similarity in intergroup behavior. *European Journal of Social Psychology*, **3**, 27–52.

Cooley, C. H. (1902). *Human nature and the social order*. New Brunswick and London : Transaction Publishers.

榎本博明（1998）．「自己」の心理学―自分探しへの誘い―　サイエンス社

Erikson, E. H. (1959). *Psychological issues : Identity and the life cycle*. International Universities Press.

（小此木啓吾（訳編）（1973）．自我同一性　アイデンティティとライフサイクル　誠信書房）

速水敏彦・木野和代・高木邦子（2004）．仮想的有能感の構成概念妥当性の検討　名古屋大学大学院教育発達科学研究科紀要　心理発達科学，**51**，1–8.

Hogg, M. A. (1992). *The social Psychology of group cohesiveness : From attraction to so-*

cial identity. Herts : Harvester Wheatsheaf.
（廣田君美・藤澤等（監訳）(1994). 集団凝集性の社会心理学　北大路書房）

Hogg, M. A. (2006). Self-conceptual uncertainty and the lure of belonging. In R.Brown & D.Capozza (Eds.), *Social identities*. Hove and New York : Psychology Press. pp. 33–49.

Hogg, M. A., & Abrams, D. (1990). Social motivation, self-esteem and social identity. In D. Abrams & M. A. Hogg (Eds.), *Social identity theory : Constructive and critical advances*. Hemel Hempstead : Harvester Wheatsheaf. pp. 28–47.

James, W. (1892). *Psychology, Briefer course.* New York : Henry Holt.
（今田寛（訳）(1992). 心理学（上・下）岩波文庫）

中島義実（1997). 現代におけるイニシエーションの制度的困難と発達契機への個人的遭遇—文献的展望による青年期理解の試論—　名古屋大學教育學部紀要　心理学, **44**, 165–176.

岡田努（1993). 現代青年の友人関係に関する考察　青年心理学研究, **5**, 43–55.

杉本希映・庄司一子（2006).「居場所」の心理的機能の構造とその発達的変化　教育心理学研究, **54**, 289–299.

鈴木孝夫（1973). ことばと文化　岩波新書

Tajfel, H. (1970). Experiments in intergroup discrimination. *Scientific American*, **223**, 96–102.

高田利武・矢守克也（1998). 高校生の乗車行動と文化的自己観　青年心理学研究, **10**, 19–34.

Turner, J. C. (1987). *Rediscovering the social group : A self-categorization theory*. Oxford : Blackwell.

人名索引

【さ行】

【た行】

【な行】

【は行】

【ま行】

【や行】

【わ行】

事項索引

【さ行】

【た行】

【な行】

【は行】

【ま行】

【や行】

【ら行】

【わ行】

著者紹介
大和田　智文（おおわだ　ともふみ）
1992年3月　専修大学法学部法律学科　卒業
2004年3月　東京成徳大学大学院心理学研究科臨床心理学専攻修士課程　修了
2007年3月　専修大学大学院文学研究科心理学専攻博士後期課程　単位取得退学
2007年4月-2009年3月　専修大学人文科学研究所　特別研究員
現在　関西福祉大学社会福祉学部講師，博士（心理学），臨床心理士・学校心理士

専門分野：社会心理学，臨床心理学

【主要著書論文】
「攻撃行動に影響を及ぼす状況要因と一般的信頼に関する検討」
　対人社会心理学研究 No. 6, 2006（共著）.
「若者観察者の社会的アイデンティティにみる若者行動理解の諸相に関する検討」
　専修総合科学研究 No. 14, 2006.
「若者らしさの表出としての一人称への意味づけ　―集団に応じた意味づけの違い―」
　対人社会心理学研究 No. 8, 2008（共著）.
「若者カテゴリへの同化に必要となる個人内の諸側面」
　専修総合科学研究 No. 17, 2009.
「若者カテゴリーへの同化と一人称の機能　―若者行動の理解に向けて」
　下斗米淳（編）『自己心理学6　社会心理学へのアプローチ』　金子書房　2008
　（分担執筆）.
　他

若者再考
―自己カテゴリ化理論からの接近

2010年2月11日　第1版第1刷

著　者　　大和田智文

発行者　　渡辺　政春

発行所　　専修大学出版局
〒101-0051　東京都千代田区神田神保町3-8
㈱専大センチュリー内
電話　03-3263-4230㈹

印　刷
製　本　株式会社　加藤文明社

ISBN 978-4-88125-244-4